I0782969

LA TRAHISON DU SILENCE

Le notaire feuilleta lentement les pages devant lui, le crissement du papier amplifiant le silence pesant de la pièce.

Ses lunettes glissèrent légèrement sur son nez lorsqu'il releva les yeux vers moi.

« Monsieur », dit-il d'une voix posée, mais sans chaleur, « après examen des dernières volontés de vos parents, il apparaît que vous êtes leur unique héritier. »

Je hochai la tête, attendant la suite.

Outre leurs avoirs financiers, vous héritez d'un bien immobilier.

Une maison située près de Cornimont, dans les Hautes Vosges.

Je fronçai les sourcils, pris de court.

Une maison ?

À Cornimont ?

Ces mots n'avaient aucun sens.

Jamais mes parents n'avaient évoqué cette maison, ni même cette région.

Pardon, mais... êtes-vous sûr ?

Une maison dans les Vosges ?

Le notaire acquiesça calmement.

Absolument.

Une bâtisse modeste, ancienne, mais en bon état selon les documents.

Elle a été acquise par vos parents il y a plusieurs décennies.

D'après les archives, elle est inhabitée depuis longtemps.

Je restai figé un instant.

Cette révélation me semblait irréelle.

Pourquoi mes parents m'avaient-ils caché une maison ?

Ils étaient pourtant transparents sur tout.

Le notaire referma son dossier et croisa les mains sur son bureau.

Je comprends que cela puisse vous surprendre.

Mais la propriété vous appartient désormais.

Je vous conseille d'aller la visiter pour en évaluer l'état.

Vous trouverez les informations nécessaires dans ce dossier.

Il me tendit une enveloppe contenant une copie des actes de propriété, une description sommaire de la maison et un plan approximatif de son emplacement.

Mais aucun mot personnel, rien qui puisse expliquer pourquoi mes parents avaient tenu ce lieu secret.

« Ils n'en ont jamais parlé ? » demanda le notaire, visiblement intrigué par mon silence.

« Jamais. »

En quittant son bureau, je ne cessais de me poser la question : pourquoi ?

Pourquoi ont-ils gardé cette maison secrète pendant toute leur vie ?

Était-ce une décision délibérée ?

Et pourquoi me la transmettre maintenant, après leur disparition ?

Quelques mois s'étaient écoulés depuis cette étrange lecture du testament.

L'idée de cette maison dans les Hautes Vosges m'était restée en tête, comme une énigme non résolue.

Je n'avais pas eu le courage ni l'énergie de m'y rendre tout de suite.

Entre le travail, les responsabilités du quotidien et le poids du deuil, les semaines s'étaient enchaînées sans que je m'en aperçoive.

Mais en ce mois de juillet, l'étouffante chaleur parisienne et l'épuisement accumulé me poussaient à bout.

J'avais besoin d'air, de nature, de silence.

Et l'idée de découvrir cette fameuse maison, même après tout ce temps, me parut soudain... attrayante.

"Quelques jours au vert", pensais-je.

Juste pour me reposer.

Voir à quoi ressemble cette maison.

Et peut-être, comprendre pourquoi mes parents ne m'en avaient jamais parlé.

Le soleil commence à se coucher et je prends un moment pour réfléchir.

Après tout ce temps à tergiverser, j'ai pris une décision. Je vais partir.

Partir dans cette maison, perdue au milieu de nulle part, dans les Hautes Vosges, au cœur de la forêt.

Mes parents n'en avaient jamais parlé.

Pourquoi ?

Comment ont-ils pu cacher une telle chose, un tel endroit ?

Une maison qui semble être sortie de l'oubli.

Je me tiens dans mon appartement, regardant mes affaires étalées autour de moi.

Une valise.

Juste ce qu'il faut pour quelques jours, je me dis.

Mais à chaque vêtement que je revêts dedans, je ressens une pression grandir en moi.

Le nécessaire, bien sûr.

Mais il y a quelque chose de pesant, comme si ce voyage était plus qu'un simple déplacement.

La clé que j'ai trouvée, dans une vieille boîte en bois, reste dans ma main.

C'est la clé de la maison, je le sais.

Mais j'ignore pourquoi elle semble si lourde.

Pourquoi mes parents l'ont-ils gardée secrète ?

Je me secoue, et je me dis que je dois y aller.

Je ne peux plus reculer.

Je regarde une dernière fois le document du notaire.

Le trajet jusqu'à Cornimont me semble long, le village aussi éloigné qu'un autre monde.

La maison.

Cette bâtisse solitaire, perdue dans le cœur de la forêt, comme un vestige du passé.

Je mets les derniers objets dans la voiture.

Le moteur ronronne, et je ferme la portière.

Je m'arrête un instant, la clé dans ma poche, la même clé qui n'a jamais servi.

Il est tard, et tout semble calme.

La route à travers les montagnes des Vosges s'étend devant moi.

Je sens que je vais entrer dans un monde étrange.

La forêt, dense et oppressante, m'entoure.

Les arbres sont comme des sentinelles, figées dans l'obscurité.

Je jette un regard sur mon téléphone, mais il n'y a rien.

Clément m'a écrit un message :

"Tu es sûr de vouloir y aller tout seul ?"

Je ne réponds pas.

Je n'ai pas le temps.

Le temps file et je dois être là-bas.

La maison m'attend.

Les heures passent et la nuit tombe rapidement.

La route devient de plus en plus sinueuse.

Je n'ai jamais vu un paysage aussi isolé.

Les lumières de ma voiture percent à peine l'obscurité, comme si la forêt elle-même voulait m'empêcher d'avancer.

Les arbres semblent se refermer autour de moi, chaque virage m'amenant plus loin de la civilisation, comme si je m'enfonçais dans un autre temps.

Et puis, soudain, je la vois.

La maison.

Elle se dresse là, au bout d'un chemin étroit, dissimulée par des arbres gigantesques, une bâtisse abandonnée par le monde.

Le toit de tuiles rouges est en partie effondré, les murs de pierres sont rongés par le temps.

La maison me regarde.

Il y a quelque chose de dérangeant dans son silence, dans la façon dont elle semble m'attendre.

Une lumière fantomatique éclaire brièvement les fenêtres, puis tout redevient noir.

Je gare la voiture devant, et le moteur s'éteint dans un bruit sourd.

Le silence tombe.

Un silence lourd, dense, comme si la forêt elle-même s'était arrêtée de respirer.

Je prends une profonde inspiration, le cœur battant.

La clé est toujours dans ma poche.

Je sais qu'il n'y a pas de retour en arrière maintenant.

Je m'approche de la porte, les bruits de mes pas étouffés par la mousse et les feuilles mortes sous mes pieds.

Chaque mouvement est lent, pesant, comme si la maison elle-même voulait me ralentir.

Je tends la main pour saisir la poignée.

Le fer grince lorsqu'elle se tourne.

L'air est glacé, comme si une brume surnaturelle flottait autour de la maison.

Je franchis le seuil et entre dans l'obscurité.

Un frisson me parcourt.

C'est froid.

L'air est épais, humide.

La lumière de ma lampe de poche éclaire les pièces vides, les murs délabrés.

Mais au fond de la maison, il y a quelque chose.

Une présence.

Je ne sais pas encore ce que c'est, mais je le sens.

Elle est là.

Les fenêtres, dans leur état vétuste, laissent passer une lumière diffuse de la lune.

À travers les vitres sales, l'ombre des arbres se projette sur les murs, et elle est terrifiante.

Les branches se tordent et se plient comme des doigts griffus, comme si elles cherchaient à s'introduire dans la maison, à en prendre possession.

La forêt semble m'observer, se rapprocher, comme une créature prête à s'éveiller.

Chaque mouvement de l'ombre me fait frissonner.

Il y a quelque chose de sinistre dans cette vision, quelque chose qui ne me laisse pas de répit.

Je referme doucement la porte derrière moi, et je me fige un instant.

Le silence est oppressant, presque suffocant.

Mon cœur bat à tout rompre, mais je me force à avancer.

La lumière vacillante de ma lampe de poche éclaire les pièces désertées.

Tout est figé dans le temps, comme si rien n'avait changé depuis des années.

Je jette un regard furtif autour de moi.

La vieille cheminée, les meubles usés, les murs décrépits...

Tout semble abandonné, sans vie.

Pourtant, quelque chose ne va pas.

Il y a une étrange sensation dans l'air, comme si la maison elle-même m'observait.

Chaque pièce semble plus sombre que la précédente. La lumière de ma lampe me fait sentir que je suis un intrus, un étranger dans un lieu qui ne m'appartient pas.

Je m'aventure plus loin, passant sous des portes cassées et des toiles d'araignées épaisses.

Tout est tellement silencieux qu'un simple bruit me fait sursauter.

Une porte qui claque au loin, un craquement dans les murs, mais je me dis que c'est la maison qui respire, qui se réveille sous mes pas.

Au bout du couloir, une porte est entrouverte.

Je m'en approche lentement.

Quand je la pousse, elle grince.

La pièce derrière est petite, presque vide, à l'exception d'une vieille commode poussiéreuse et d'un miroir en pied.

Le miroir attire mon regard comme un aimant.

Il est étrange, déformé par le temps.

Je m'approche et, en me voyant dans le reflet, j'ai l'impression que quelque chose ne va pas.

Ce n'est pas moi.

Un instant, je me demande si mes yeux me trahissent, mais non, le miroir semble m'offrir une image différente de la réalité.

Les contours de mon visage sont flous, comme si une brume invisible l'entourait.

Je me force à détourner le regard.

C'est alors que je le remarque : une vieille photo posée sur la commode.

Je la prends dans mes mains tremblantes.

Elle est en noir et blanc, mais la photo semble récente. Mes parents.

Je les reconnais tout de suite, mais l'endroit... C'est la maison. Cette même pièce.

La pièce dans laquelle je suis actuellement.

Pourquoi n'ont-ils jamais mentionné cela ? Pourquoi cette photo, ici ?

Je sens le poids du regard du passé sur moi, comme si quelque chose voulait me dire que je n'aurais jamais dû venir ici.

Une porte claque dans le fond du couloir.

Je sursaute, mon cœur s'emballe.

Qui d'autre est ici ?

À côté de la maison, une vieille grange se profile dans l'obscurité, à peine visible à travers les arbres qui l'entourent.

Elle semble encore plus abandonnée que la maison, son toit de tôle rouillée est presque entièrement effondré, et des planches pourries soutiennent à peine les murs.

Pourtant, quelque chose dans cette grange me pousse à m'en approcher.

Je prends une grande inspiration, mon cœur battant la chamade.

Pourquoi est-ce que je suis attiré par cet endroit ?

J'ai l'impression que quelque chose m'y attend.

Quelque chose de caché, de secret.

Mes pas crissent sur l'herbe humide et je me dirige vers l'entrée, une vieille porte en bois, partiellement ouverte, qui grince doucement sous l'effet du vent.

Je m'arrête un instant devant, la lampe tremblant dans ma main.

Il y a quelque chose de sinistre à propos de cet endroit.

La grange est bien plus sombre que la maison, presque comme un trou noir dans la nuit.

Je pousse la porte, qui se referme brusquement derrière moi, comme si la grange voulait me garder.

Un frisson me parcourt.

La lumière de ma lampe se fraie un chemin à travers la poussière et les toiles d'araignées.

L'air est lourd, vicié, et une odeur de moisissure et de bois pourri envahit mes narines.

Je scrute autour de moi, la lumière dansant sur les vieux objets abandonnés qui jonchent le sol.

Des caisses, des outils rouillés, des sacs déchirés, tout semble figé dans le temps, tout est recouvert de poussière, comme si cette grange avait été oubliée depuis des décennies.

Puis, quelque chose attire mon attention.

Un vieux coffre, partiellement dissimulé sous un drap de plastique jauni.

Il semble hors de place, comme un vestige qui n'aurait jamais dû être là.

Un frisson me parcourt à l'idée de ce qu'il pourrait contenir.

Peut-être un indice sur le passé de mes parents.

Peut-être des réponses que je cherche désespérément.

Je me précipite vers lui, mais juste avant de poser ma main sur le coffre, un bruit sourd résonne derrière moi.

Quelque chose a bougé.

Je me retourne rapidement, ma lampe dans les mains.

Rien.

Le silence est revenu aussi vite qu'il était venu.

Pourtant, je suis certain d'avoir entendu quelque chose.

Je souffle un coup, essayant de me convaincre que c'était simplement le vent ou un animal.

Mais une sensation étrange persiste, comme si la grange elle-même était vivante, en attente.

Elle m'observe.

Je m'agenouille devant le coffre, avec un seul but en tête : savoir ce qui s'y cache.

Je soulève lentement le couvercle du coffre, mes mains tremblantes, m'attendant à découvrir quelque chose d'important, un indice, une trace du passé.

Mais à ma grande déception, le coffre est vide.

Juste des copeaux de bois usés et un peu de poussière qui s'échappe des coins.

Rien. Pas un papier, pas un objet, rien qui ne pourrait expliquer pourquoi il se trouvait là, caché sous un drap.

Je soupire.

Encore une fausse piste.

La sensation de malaise se renforce, comme si quelque chose m'échappait, comme si la maison et la grange me jouaient un mauvais tour.

Je me relève lentement, cherchant quelque chose d'autre à explorer, quand mes yeux se posent sur un tas de bois dans un coin sombre de la grange.

Un tas de branches sèches et de bûches de toutes tailles, entassées là, comme si quelqu'un avait prévu de faire du feu.

C'est étrange.

Pourquoi un tel tas de bois ici, au milieu de tout cet oubli ?

Peut-être un reste de vieux préparatifs.

Je me rappelle alors que la lumière a cessé de fonctionner dans la maison.

La coupure d'électricité semble durer depuis un certain temps maintenant.

Je me dirige vers le tas de bois, une idée s'éclairant dans mon esprit.

Si je peux allumer un feu, je pourrai peut-être réchauffer la pièce, et cela me permettra de mieux voir, d'être moins vulnérable à l'obscurité oppressante qui m'entoure.

Au moins, cela pourrait me donner un peu de réconfort, un peu de lumière dans cet endroit sinistre.

Je cherche des allumettes ou un briquet dans mes poches, mais rien.

Je n'ai pas pris grand-chose en partant de la maison.

Il faut que je fasse ça à l'ancienne.

Mes mains sont froides, mais je me mets à frotter deux morceaux de bois ensemble, comme on m'a appris un jour.

Le bruit des frottements résonne dans la grange, amplifié par l'immense silence autour de moi.

Mon cœur s'emballe, mes efforts deviennent de plus en plus désespérés.

Enfin, une petite flamme apparaît, fragile, vacillante. Je la protège du vent en soufflant doucement, et, petit à petit, elle s'agrandit, se transformant en un feu plus stable.

Je nourris la flamme en ajoutant quelques bûches, et bientôt, les flammes dansent, réchauffant l'air froid de la grange.

Le crépitement du bois qui brûle est apaisant.

Pour un instant, je me sens presque en sécurité, comme si le feu pouvait éloigner les ténèbres de cette maison et de la forêt environnante.

Mais même avec la chaleur, une sensation de froid intérieur persiste.

Comme si quelque chose d'encore plus obscur m'attendait.

Je m'assois près du feu, tentant de calmer mes pensées tourmentées.

Mais chaque ombre projetée par la lumière vacillante semble me rappeler qu'ici, rien n'est vraiment ce qu'il paraît être.

Alors que je regarde les flammes dansantes, je me sens envahi par un malaise profond.

La chaleur du feu est agréable, mais elle ne parvient pas à dissiper cette étrange sensation qui m'étreint.

Chaque crépitement des bûches qui se consument résonne dans la grange comme un écho d'un passé que je ne comprends pas.

Pourquoi ai-je accepté cet héritage ?

La maison, la grange, tout cet endroit me pèse d'un poids de plus en plus insupportable.

La lumière vacillante de mon feu semble jouer des tours à mes yeux, projetant des ombres étranges sur les murs, des formes qui semblent se mouvoir, comme si les ténèbres elles-mêmes se nourrissaient de la lumière.

Je me tourne un instant vers l'entrée de la grange, mais l'obscurité derrière la porte me fait frissonner.

Je me sens constamment surveillé et piégé dans une situation qui me dépasse.

Je laisse échapper un soupir lourd, jetant un regard au vieux coffre, désormais inutile, et à la grange, qui semble se refermer sur moi à chaque instant.

Je n'ai jamais demandé à être ici.

Cette maison, ce terrain, ces lieux… Tout me semble étranger, comme si mes parents eux-mêmes m'avaient laissé un lourd fardeau à porter, un fardeau qui n'a jamais été destiné à moi.

Peu à peu, le regret m'envahit.

Pourquoi n'ont-ils pas parlé de cette maison avant ?

Pourquoi ne m'ont-ils jamais prononcé un mot sur cet endroit, sur ce qui s'y cache ?

C'était comme si cette demeure leur appartenait, mais qu'elle n'était pas censée m'être révélée.

Je me demande s'ils savaient eux aussi…

Je me lève brusquement, le feu me semble soudainement trop étouffant.

Mes pensées se bousculent, et le silence autour de moi devient presque suffocant. Je dois partir.

L'idée de rester ici encore une nuit, dans cette maison qui me donne l'impression de vouloir m'engloutir, devient insupportable.

Mais il est trop tard, le vent dehors commence à se lever, et la route vers le village semble bien trop lointaine pour envisager un retour immédiat.

Je me tiens là, dans la lueur du feu, mon regard fixé sur l'obscurité qui s'étend devant moi.

Je regrette profondément d'avoir accepté cet héritage.

Cette maison n'est pas un bien, mais un piège, une prison et chaque coin, chaque pièce semble murmurer des secrets que je n'ai pas envie de connaître.

Je me lève brusquement, le feu me semble soudainement trop étouffant.

Mes pensées se bousculent, et le silence autour de moi devient presque suffocant.

Je dois partir.

L'idée de rester ici, dans cette maison qui me donne l'impression de vouloir m'engloutir, devient insupportable.

Mais je sais qu'il est trop tard pour partir maintenant.

Il est trop sombre, et la route vers le village semble bien trop lointaine.

Je dois passer cette première nuit ici.

Le vent commence à souffler plus fort à l'extérieur, et le craquement de la vieille maison se fait entendre dans la nuit, comme si elle se mettait en mouvement.

Chaque bruit semble me rappeler que je suis seul ici, totalement seul, entouré par l'obscurité de cette forêt dense, loin de toute aide.

Je me tiens là, dans la lueur du feu, mon regard perdu dans

l'obscurité qui s'étend devant moi.

Je regrette déjà d'avoir accepté cet héritage.

Cette maison n'est pas un bien, mais un piège.

Un piège qu'il est trop tard pour fuir.

Cette première nuit semble interminable.

Chaque ombre, chaque mouvement dans la pièce semble se moquer de moi, me rappeler que je ne suis pas le bienvenu ici.

L'environnement autour de la maison est sinistre.

La forêt semble se refermer sur moi, chaque arbre s'élançant vers le ciel avec des troncs noirs et noueux, comme des bras qui tentent de m'attraper.

La lumière ne parvient presque pas à traverser le feuillage épais et dense des arbres.

Même à midi, la forêt reste sombre, étouffée par l'ombre d'une végétation presque impénétrable.

Je me sens comme un étranger ici, un intrus dans un endroit qui semble refuser la lumière, un lieu où le soleil a du mal à atteindre le sol.

Et puis, il y a l'altitude.

Nous sommes en hauteur, et l'air, bien qu'innocent en apparence, semble plus lourd, plus dense, comme si la montagne elle-même voulait me retenir.

Le vent qui souffle parfois entre les arbres a un goût de froid, un souffle glacial qui traverse mes vêtements, malgré le feu dans la grange.

Chaque bruit dans la forêt semble amplifié par l'écho de la montagne, chaque craquement des branches me rappelant à quel point cet endroit est isolé.

Le silence qui règne est lourd.

Par moments, je me surprends à tendre l'oreille, espérant entendre un bruit quelconque, humain, mais rien.

La forêt me fait peur.

Elle est trop grande, trop ancienne.

Elle semble vivante, presque malveillante.

Les ombres qui se forment entre les troncs, les bruits lointains… Tout cela me glace d'effroi.

Il me semble qu'ici, tout est prisonnier du temps, que la nature elle-même a décidé de retenir cette maison et cette forêt dans un état d'éternelle obscurité, comme un secret qu'il serait dangereux de percer.

C'est une sensation étrange.

Une peur diffuse, non seulement des ombres qui m'entourent, mais aussi du poids du passé qui semble peser sur cet endroit.

Il ne fait aucun doute que cette première nuit sera longue.

Je me force à poser mes affaires sur la table de la cuisine, mon regard se portant autour de la pièce, comme pour m'assurer que je ne suis pas observé.

La route a été longue, et mes jambes me font sentir chaque minute passée sur la route sinueuse qui m'a conduit jusqu'ici.

L'air frais de la forêt, le silence oppressant et cette sensation d'isolement ne cessent de m'envahir.

Je commence à déballer mes affaires, cherchant un coin dans lequel je pourrai au moins tenter de me poser pour la nuit.

Il n'y a pas beaucoup de choix ici.

La maison est modeste, presque réduite à l'essentiel, et l'atmosphère qui y règne ne fait qu'accentuer ce sentiment de malaise.

Chaque objet, chaque meuble semble avoir été laissé là depuis des années, comme si le temps s'était arrêté. L'odeur de bois ancien flotte dans l'air, une odeur lourde, presque moisie, qui se mêle à celle de l'humidité.

Je trouve un coin près du feu, où le sol est couvert d'un vieux tapis usé.

Ce sera là.

Je n'ai pas le courage de chercher ailleurs.

Le reste de la maison semble encore plus froid et désagréable, presque impénétrable dans cette obscurité.

Je m'assois un moment, épuisé par la route et par cette tension palpable dans l'air.

Une seule nuit, je me répète.

Il faut que je tienne une seule nuit.

Je m'allonge sur le tapis, espérant que le feu, même faible, me réchauffe un peu et que le sommeil finisse par m'envahir.

Mais la forêt, l'obscurité, cette maison… Tout cela m'empêche de me détendre.

Je sens mes yeux se fermer, mais un frisson parcourt soudainement ma peau, comme un avertissement.

Le feu commence à s'éteindre dans la cheminée, et la luminosité dans la pièce s'amenuise lentement, rendant l'atmosphère encore plus lourde, presque irréelle.

Les ombres des meubles s'allongent, se mêlant à l'obscurité croissante de la pièce.

Je me sens presque absorbé par l'ombre grandissante, mon regard fuyant la lueur vacillante des braises qui se consument.

La chaleur du feu faiblit, et avec elle, une partie de l'atmosphère rassurante qu'il avait pu offrir.

C'est alors que, dans ce silence oppressant, un bruit perça la quiétude de la nuit.

Un bruit venant de la grange.

Un craquement sec, suivi d'un léger frottement, comme si quelque chose ou quelqu'un se déplaçait là-bas.

L'air semble se figer.

Le souffle court, je reste immobile, le cœur battant plus fort.

Je tends l'oreille, cherchant à capter à nouveau ce bruit étrange.

Peut-être un animal, ou peut-être… Autre chose ?

Le vent s'est levé un peu plus fort à l'extérieur, ce qui pourrait expliquer certains bruits, mais celui-ci… Il n'est pas naturel.

Il a une texture, une qualité, qui le distingue de tout ce que j'ai entendu jusqu'à présent.

Il me glace le sang.

Je suis figé, le regard perdu vers la porte de la grange, où l'obscurité semble plus profonde encore.

Peut-être devrais-je aller voir, me convaincre que ce n'était rien, un simple bruit de la maison vieillissante… Mais quelque chose me retient.

Ce n'est pas la peur qui m'immobilise, mais l'instinct. Un avertissement, peut-être.

Ou une intuition qui me dit que, ce que je pourrais découvrir là-bas, n'est pas simplement un animal…

Je me redresse lentement, le cœur toujours battant, mais en m'approchant de la porte, je constate qu'il fait trop noir pour distinguer quoi que ce soit à travers les fenêtres.

Je ne vois rien.

La grange est complètement engloutie par l'obscurité, et le vent qui souffle maintenant entre les arbres fait résonner le craquement des bois de la maison.

C'est comme si le vent se déchaînait contre les murs, cherchant à pénétrer à l'intérieur.

Soudain, un autre bruit éclate, suivi d'un claquement violent.

Une porte, sans doute, mais laquelle ?

Je ne vois personne, et pourtant, la maison semble vivante sous l'effet du vent.

Les portes claquent à tour de rôle, comme si une force invisible les faisait se refermer brutalement les unes après les autres.

Le bruit résonne dans tout l'espace, amplifié par la résonance des murs.

Je me fige, l'air lourd et saturé de frissons glacés.

Je n'ose pas bouger.

Chaque porte semble claquer de plus en plus fort, avec une violence incontrôlable.

La maison tout entière semble se révolter contre ma présence, comme si elle cherchait à me repousser.

Ou peut-être me prévenir…

Je serre les dents, me concentrant pour ne pas céder à la panique.

Je dois savoir ce qui se passe.

Mais les bruits autour de moi m'empêchent de penser clairement.

Quelque chose d'anormal se déroule ici, et je ne suis pas sûr de vouloir en découvrir plus.

Pourtant, cette sensation oppressante me pousse à avancer.

Je sens une peur glacée m'envahir peu à peu, sourde et envahissante, comme si les murs de la maison se resserraient autour de moi.

Les portes continuent de claquer, chaque bruit me coupant le souffle, et le vent dehors hurle plus fort, comme une voix qui me crie de partir, de fuir cet endroit.

Mais je suis là, prisonnier de cette maison.

Il n'y a pas de retour en arrière, plus de route à suivre, juste cette atmosphère oppressante qui m'étouffe.

Je ne parviens plus à raisonner, mon esprit s'embrouille sous l'effet de la peur.

Chaque bruit, chaque craquement des planchers ou des portes me fait sursauter.

Mon cœur bat trop fort, mes jambes tremblent et je me surprends à jeter des regards nerveux à travers la pièce, comme si des yeux invisibles m'observaient dans l'obscurité.

Je suis seul, ou du moins, c'est ce que je crois.

Mais cette maison semble me dire le contraire, me murmurer que je ne le suis pas.

Je me dirige précipitamment vers l'une des fenêtres, espérant y apercevoir une lueur, un indice, quelque chose qui puisse me rassurer.

Mais rien, que l'obscurité, une nuit sans fin où l'air semble glacé, figé dans le temps.

Et tout autour de moi, ce silence brisé seulement par les bruits de la maison, ce vent qui ne cesse de se lever, de hurler à travers les fissures.

Je commence à avoir très peur.

Plus je reste ici, plus la terreur m'envahit.

Quelque chose d'invisible semble peser sur l'endroit, une présence que je ne peux expliquer, mais qui me serre la gorge.

Il faut que je sorte, que je parte.

Mais où aller ?

Ce noir absolu dehors, cette forêt qui m'entoure, m'étouffe.

Les arbres, les ombres, tout me semble hostile, inhospitalier.

L'angoisse me paralyse.

Je me couvre la tête de mes bras, comme si ce simple geste pouvait m'offrir une protection, un abri contre cette peur insoutenable qui me ronge.

J'essaie de bloquer les bruits, de m'enfermer dans une bulle de silence, mais c'est impossible.

Tout autour de moi, l'air est lourd, oppressant, et la terreur monte en moi, implacable.

J'ai peur, même très peur.

Une peur viscérale, une peur qui me serre la poitrine, me coupe la respiration.

Que va-t-il m'arriver ?

Ces pensées tournent en boucle dans ma tête, chaque seconde qui passe m'enfonce un peu plus dans l'angoisse.

Le vent hurle toujours à l'extérieur, les portes claquent avec une intensité qui semble monter en puissance, et cette sensation de solitude totale s'empare de moi.

Je suis seul ici, dans cette maison sinistre, entouré par la forêt noire.

La présence invisible qui m'entoure me fait frissonner. Qu'est-ce qui se cache dans l'ombre ?

Qui ou quoi est responsable de ces bruits, de cette atmosphère glaciale ?

Mon esprit cherche une explication rationnelle, mais plus j'y pense, plus la réalité m'échappe.

Rien n'a de sens ici, tout semble déformé, tordu par cette peur omniprésente.

Je me demande si je vais survivre à cette nuit, si je vais réussir à sortir de ce piège.

Le temps s'étire comme un fil de fer tendu, et l'idée de rester ici une seconde de plus me semble insupportable.

Mais il y a cette forêt, cette obscurité infinie… Je n'ose même pas imaginer ce qui pourrait m'y attendre.

Est-ce que je vais pouvoir m'échapper ?

Où suis-je condamné à rester ici, pris au piège dans cet endroit qui semble se refermer sur moi ?

Soudain, au milieu du silence oppressant, j'entends un bruit sourd, comme des pas lourds au plafond.

Lents, presque mesurés, comme si quelqu'un marchait dans le grenier, sans se presser, mais avec une détermination inquiétante.

Chaque pas résonne dans la maison, amplifié par l'obscurité qui m'entoure, et mon cœur semble s'arrêter un instant, pris dans un tourbillon de panique.

Les pas sont lents, mais chaque écho me glace un peu plus, comme si quelqu'un, ou quelque chose, était là-haut, juste au-dessus de ma tête, marchant avec une lenteur délibérée, comme pour me faire sentir sa présence.

Une présence qui m'observe, qui attend.

Je me fige, l'esprit à la fois paralysé par la terreur et rempli de questions sans réponse.

Qui peut-il y avoir dans le grenier ?

Il n'y a personne, j'en suis certain.

Le grenier est fermé, tout est verrouillé, tout est calme depuis mon arrivée.

Alors pourquoi ces pas ?

Pourquoi ce bruit qui me transperce le cœur ?

Je serre les poings, m'efforçant de rester calme, mais mon corps tout entier est tendu, prêt à fuir.

Fuir, mais où ?

Si c'est vraiment quelqu'un, que veut-il de moi ?

Pourquoi cette lenteur macabre dans ses mouvements, comme s'il voulait que je l'entende, que je sache qu'il est là… ?

Le bruit s'intensifie légèrement, chaque pas résonnant de plus en plus fort.

Je suis paralysé.

Impossible de bouger, impossible de crier.

Je n'ose même pas respirer.

À travers la fenêtre, mes yeux cherchent désespérément un point de repère, quelque chose qui pourrait me ramener à la réalité, loin de cette angoisse suffocante.

Et là, dans le lointain, entre les arbres tordus par le vent, il me semble apercevoir de faibles lueurs tremblotantes.

Ce sont sûrement les lumières de Cornimont, cette petite ville montagnarde que j'ai traversée plus tôt, sans vraiment y prêter attention.

À cet instant, ces lumières semblent presque irréelles, comme une promesse de sécurité, un rappel du monde extérieur que j'ai quitté en venant ici.

Mais elles sont loin, si loin... Trop loin pour que je puisse m'y précipiter dans cette nuit noire, avec cette forêt étouffante qui m'entoure.

Je reste là, figé, à observer ces points lumineux vacillants.

Je me rappelle les ruelles calmes de Cornimont, les quelques passants emmitouflés croisés sur la route, et le sentiment d'une normalité tranquille que j'ai laissée derrière moi.

Mais cette pensée réconfortante ne dure qu'un instant.

De lourds bruits lents au-dessus de ma tête me ramènent brutalement à la réalité.

Les lumières de Cornimont me paraissent soudain inaccessibles, comme un mirage.

Je suis piégé ici, seul face à cette maison qui semble respirer, vivre, et surtout… M'espionner.

Pourquoi mes parents ont-ils acheté cette maison ?

Cette question tourne en boucle dans ma tête, se mêlant à la panique qui m'envahit.

Pourquoi ici, si loin de leur domicile, au cœur de cette forêt oppressante et hostile ?

Rien ne colle.

Rien n'a de sens.

Mes parents n'ont jamais mentionné cet endroit, pas une seule fois.

Ils n'étaient pas du genre à cacher quoi que ce soit. Alors, pourquoi ce secret ?

Pourquoi n'ai-je jamais été au courant de son existence ?

Je m'efforce de me rappeler des détails, des indices, des conversations du passé qui pourraient expliquer cet achat.

Mais il n'y a rien.

Aucun souvenir, aucun mot échappé qui puisse me guider.

C'est comme si cette maison surgissait de nulle part, comme si elle avait toujours été là cachée dans les ombres, attendant ce moment précis pour se révéler.

Je ressens une colère sourde montée en moi, mélangée à une peur viscérale.

Qu'est-ce qu'ils espéraient en achetant un tel lieu ? Était-ce un refuge, un caprice, ou y avait-il une raison plus sombre, plus troublante ?

Et pourquoi maintenant, après leur mort, cet héritage tombe-t-il sur moi comme une malédiction ?

Cette maison cache quelque chose, j'en suis certain.

Plus je reste ici, plus je sens que je ne suis pas simplement venu pour découvrir un bien immobilier.

Il y a autre chose.

Je tente de dissiper ma peur, de me raisonner.

Ce n'est qu'une maison, un endroit abandonné, rien d'autre.

Mais mon corps refuse de se calmer.

Mon souffle est court, mes mains tremblent légèrement, et je sens mon cœur battre contre ma poitrine comme un tambour affolé.

Soudain, un mouvement attire mon regard.

Une ombre.

Elle se détache doucement de l'obscurité, se matérialise dans la pénombre vacillante du feu qui faiblit.

Elle s'approche.

Lentement, silencieusement, comme si elle glissait sur le sol.

Mon sang se glace instantanément.

Je n'arrive pas à détacher mes yeux de cette silhouette qui semble se mouvoir dans l'air, presque irréelle, mais terriblement présente.

Est-ce une illusion ?

Est-ce que mon esprit me joue des tours, exacerbé par la fatigue et la peur ?

Mais non, c'est bien là.

Cette forme sombre avance vers moi, comme si elle me voyait, comme si elle me cherchait.

Je me recule instinctivement, trébuchant contre la chaise derrière moi.

Le bruit résonne fort dans la pièce, mais l'ombre ne s'arrête pas.

Elle continue, imperturbable, se rapprochant inexorablement, réduisant l'espace qui nous sépare.

Je veux crier, mais aucun son ne sort de ma bouche. Mon esprit hurle de toutes ses forces, mais mon corps reste figé, incapable de bouger.

Qu'est-ce que c'est ? Qui est-ce ?

« Qui est-ce ? » criai-je, ma voix déchirant le silence oppressant de la pièce.

Mais aucune réponse ne me parvient, rien d'autre que l'écho tremblant de mes propres mots, étouffé par les murs épais de cette maison.

L'ombre continue d'avancer, silencieuse, implacable. Mon souffle se fait plus court, presque douloureux, et je recule instinctivement, mon dos heurtant violemment le mur derrière moi. Je me sens piégé, pris au piège dans cet espace étroit où chaque recoin semble se resserrer autour de moi.

« Répondez ! Qui êtes-vous ?

Cette fois, ma voix se brise légèrement, mêlée de panique et d'une colère désespérée.

Mais toujours rien.

L'ombre ne faiblit pas, ne ralentit pas.

Elle est là, devant moi, si proche maintenant que je peux presque sentir un froid glacial émaner d'elle, s'infiltrant jusque dans mes os.

Je tends ma lampe tremblante vers elle, mais la lumière semble inutile, comme si elle se faisait dévorer par l'obscurité autour de cette forme.

Elle n'a pas de visage, pas de traits discernables.

Juste une silhouette, une présence.

Je sens mon cœur cogner si fort dans ma poitrine que j'ai l'impression qu'il va exploser.

« Je ne veux pas de problèmes ! Partez ! »

Mais ces mots sonnent creux, dérisoires, comme si je parlais à quelque chose qui n'appartient pas à ce monde.

Et cette certitude grandit en moi : ce n'est pas humain.

L'ombre s'arrête.

Juste là, à quelques pas de moi.

Immobile.

Attendant.

Comme si elle attendait que je fasse le premier mouvement.

Puis, sans prévenir, elle a disparu.

En une fraction de seconde, l'ombre s'est dissipée, comme si elle n'avait jamais été là.

Pas un bruit, pas un mouvement, juste un vide soudain et inexplicable là où elle se trouva un instant plus tôt.

Je reste figé, incapable de comprendre ce qui vient de se passer.

Mon souffle est haché, ma lampe tremble toujours dans ma main, projetant des faisceaux vacillants sur les murs de la pièce.

Je scrute frénétiquement chaque recoin, cherchant un signe, un indice, mais il n'y a rien.

Rien qu'un silence oppressant, presque palpable, qui semble

m'envelopper et m'écraser.

Était-ce réel ?

Mon esprit refuse de l'accepter.

Peut-être que la fatigue, le stress, cette maison lugubre et hostile... peut-être que tout cela me joue des tours.

Oui, ça doit être ça, me dis-je, essayant désespérément de calmer le tumulte dans ma tête.

Mais mon cœur continue de battre à un rythme effréné, et une sueur froide glisse lentement le long de ma colonne vertébrale.

Je me rends compte que je tiens mon souffle, comme si je craignais que le moindre bruit puisse réveiller quelque chose... ou quelqu'un.

Je tente de me convaincre que tout est terminé, que je suis seul, mais une angoisse sourde reste tapie au fond de moi, comme une ombre qui refuse de s'effacer.

Elle était là, je l'ai vue.

Le feu dans la cheminée s'éteint presque complètement, laissant la pièce sombrer dans une pénombre oppressante.

Je me sens vulnérable, exposé.

Cette maison cache quelque chose, et je sais que cette nuit ne fait que commencer.

Le vent se lève, sifflant à travers les arbres et contre les murs de la maison.

Il semble se faufiler partout, comme une présence invisible cherchant à entrer.

Les volets grincent, frappant parfois contre les fenêtres, ajoutant une dissonance angoissante à ce silence nocturne.

Chaque rafale semble porter avec elle une tension croissante.

Les branches des arbres, noires contre le ciel, se tordent dans une danse désarticulée, projetant des ombres mouvantes sur les murs.

Est-ce un présage ?

Un avertissement ?

Je ne peux m'empêcher de penser que ce vent n'est pas ordinaire.

Il y a quelque chose d'oppressant, d'étrange, comme s'il portait avec lui un message que je ne peux comprendre.

Est-ce une prémisse à l'orage ?

L'idée me traverse l'esprit, mais le silence du ciel me laisse dans l'incertitude.

Pas un grondement, pas une lueur lointaine, rien qui ne confirme mes craintes.

Pourtant, ce vent me glace.

Il semble vouloir m'envelopper, m'étouffer.

Il s'insinue à travers chaque fissure, chaque interstice, apportant une sensation de malaise profond.

Je ferme les yeux un instant, espérant calmer le tumulte en moi.

Mais, à cet instant précis, un bruit sourd retentit à l'extérieur, comme une branche brisée... ou autre chose.

Une certitude glaciale s'impose à moi.

Quelqu'un est là.

Je le sens, je le sais, comme un instinct primal qui s'allume soudain.

Ce n'est pas juste le vent ou les ombres dansantes. Quelqu'un m'observe.

Mon cœur s'emballe, frappant dans ma poitrine à un rythme désordonné.

Je jette un regard rapide autour de moi, mais la pénombre avale tout.

Les coins de la pièce semblent plus sombres, plus denses, comme si quelque chose s'y cachait.

Je serre ma lampe de poche, mes doigts tremblants glissant sur son métal froid.

« Qui est là »

Ma voix brise le silence, mais elle sonne fragile, presque ridicule face à l'écrasante oppression qui m'entoure.

Aucune réponse, juste le vent qui continue de hurler et les volets qui claquent comme pour ponctuer mon angoisse.

Je tourne mon regard vers la fenêtre.

Une idée me traverse : et si ça venait de dehors ?

Les arbres, massifs et déformés par l'obscurité, semblent se resserrer autour de la maison, comme des sentinelles menaçantes.

J'ai l'impression que, dans cet enchevêtrement de branches et d'ombres, des yeux m'épient.

Je me redresse lentement, la lampe tremblotante dans ma main.

Je dois voir, je dois savoir.

Mais une part de moi hurle de ne pas m'approcher de cette fenêtre.

Pourtant, je m'avance, à pas lents, le souffle court, le cœur au bord de l'explosion.

Mon reflet dans la vitre me surprend un instant, pâle et déformé, avant que je plisse les yeux pour scruter l'extérieur.

Rien. Du moins, je crois.

Mais cette sensation, cette certitude oppressante, ne disparaît pas.

Quelqu'un est là.

Quelqu'un m'observe.

Je saisis mon téléphone d'une main tremblante, espérant trouver un réconfort, une connexion avec l'extérieur.

Mais l'écran m'accueille avec un message glaçant : "Aucun réseau".

Mon cœur s'emballe encore plus fort.

Je tapote frénétiquement l'écran, comme si cela pouvait changer quelque chose, mais rien ne se passe. Je suis isolé.

Je tente de composer un numéro, n'importe lequel.

Le portable affiche une tentative d'appel, puis abandonne immédiatement.

Aucune barre.

Aucune chance.

Une sueur froide glisse le long de ma nuque.

Ce sentiment d'être coupé du monde, de ne pas pouvoir appeler à l'aide, ajoute un poids insupportable à l'atmosphère déjà oppressante de cette maison.

Le vent dehors continue de hurler, s'insinuant à travers les fissures des murs.

À chaque bourrasque, je sursaute, les nerfs à vif.

Je suis seul.

Complètement seul.

Même si quelqu'un répondait à mes cris, qui pourraient venir ici, dans ce coin reculé, perdu au milieu de cette forêt ?

Je m'assieds sur le bord du vieux canapé, le téléphone toujours dans ma main, inutile.

L'écran s'éteint, me laissant dans une obscurité encore plus lourde.

Je dois tenir bon.

Je dois trouver une solution.

Mais une part de moi commence à se demander si cette maison n'a pas été abandonnée pour une bonne raison.

J'ai toujours été quelqu'un de très cartésien.

Les histoires de fantômes, de malédictions ou de phénomènes inexpliqués ne m'ont jamais effrayé.

J'avais toujours une explication logique à tout.

Mais ce soir... ce soir, je dois avouer qu'il se passe des choses que je ne comprends pas.

La maison semble vivante, presque consciente de ma présence.

Chaque craquement, chaque souffle de vent, chaque ombre projetée sur les murs me paraît calculé, destiné à éroder mes nerfs.

Ce n'est plus seulement un endroit vétuste et abandonné, c'est autre chose.

Une entité oppressante, silencieuse, mais omniprésente.

Quelque chose m'observe, me teste.

Je tente de me raisonner, de m'accrocher à ma rationalité.

Le vent, les vieilles poutres, le stress... Tout ça peut expliquer ce que je ressens.

Mais une part de moi, enfouie sous des couches de logique, commence à vaciller.

Et si ce n'était pas que ça ?

Et si cette maison... cachait autre chose ?

Je prends une grande inspiration, essayant de calmer mon esprit en ébullition.

Mais une autre rafale secoue la bâtisse, faisant grincer les murs comme un gémissement lugubre.

Mon cœur s'emballe à nouveau.

C'est irrationnel, je le sais... mais quelque chose ne tourne pas rond ici.

Je commence à m'endormir malgré moi.

La fatigue de la route m'envahit peu à peu, mes paupières sont lourdes, mon corps réclame le sommeil, mais l'atmosphère oppressante de la maison me garde en alerte.

Chaque bruit, chaque souffle du vent, me tire de ma torpeur.

Je lutte, mes pensées deviennent floues, flottent entre la réalité et un monde de plus en plus irréel.

La chaleur du feu s'amenuise, et dans l'obscurité qui m'enveloppe, je me sens soudainement pris au piège. Le silence est lourd, comme si la maison elle-même attendait quelque chose. Quelque chose qui ne cesse de se manifester dans mes rêves naissants.

Mon corps commence à s'engourdir sous le poids de la fatigue. Chaque muscle, chaque articulation semble alourdie, comme si je n'avais pas dormi depuis des jours.

Je n'ai jamais été autant épuisé.

C'est comme si le temps s'étirait, me tirant vers une sorte d'inconscience, mais un inconscient qui est loin d'être apaisant.

J'essaie de lutter contre cet état, mais mes yeux se ferment malgré moi.

Cette maison, cette atmosphère, ce silence trop lourd, tout semble irréel, comme un mauvais film où je suis le personnage principal, mais je n'en ai pas écrit le script.

Je me demande si je suis vraiment en train de vivre cela ou si je suis tombé dans un piège, dans une illusion, un rêve trop étrange pour être vrai.

Est-ce vraiment de la fatigue ou est-ce que la maison joue avec mon esprit ?

La pluie commence à tomber, d'abord doucement, puis de plus

en plus fort, frappant les fenêtres avec une intensité qui accentue le silence de la pièce.

Au loin, l'orage éclate, ses éclats de foudre illuminant brièvement la pièce, suivis des grondements sourds qui secouent les murs de la maison.

Je suis en montagne, me dis-je, c'est normal dans cette région.

Je tente de me rassurer, mais cette tranquillité apparente semble de plus en plus étrangère.

Une chouette pousse son premier cri, perçant la nuit comme une note aiguë dans cette symphonie de bruits menaçants.

Je me fige.

J'ai l'impression qu'elle est sur le toit de la maison, observant, attendant. Le cri résonne à travers les pièces sombres, semblant se glisser sous la porte et dans l'air lourd.

Il est trop précis, trop proche pour être un simple hasard.

Je me dis que ça doit être le vent, ou peut-être un animal, mais quelque chose en moi se serre.

Cette chouette, ce cri, ce vent... Tout me semble devenu trop réel, trop tangible.

Je n'arrive plus à me rassurer.

Je veux quitter ce lieu maléfique, m'échapper loin de cette maison qui semble se refermer sur moi.

Mais alors que je me précipite vers la porte, un frisson glacé me parcourt.

Je n'arrive plus à trouver mes clés de voiture.

J'ouvre les tiroirs frénétiquement, fouillant dans mes affaires, mais elles ne sont nulle part.

L'angoisse monte, mon cœur bat plus fort.

Comment ai-je pu les perdre ici, dans cette maison obscure et oppressante ?

Il fait sombre, trop sombre.

La lumière vacille à peine dans la cheminée, et chaque coin de la pièce semble s'étendre dans une obscurité infinie.

Je ne vois plus rien.

Je me heurte aux meubles, me cogne aux murs, essayant de retrouver la sortie, de retrouver mes clés.

Cette maison semble se dérober sous mes pieds, elle me fait perdre toute orientation.

Le silence est lourd, comme un souffle suspendu, prêt à se briser à tout moment.

Je suis pris au piège.

Il y a une présence, invisible, mais palpable, et elle se rapproche.

Je suis terrorisé.

Mon souffle est court, mes mains tremblent, et je sens une sueur froide glisser le long de ma nuque.

Je n'ai jamais connu une telle situation.

Cette maison, ces bruits, cette ombre... tout semble vouloir me faire perdre pied.

Chaque seconde passée ici m'épuise un peu plus, comme si quelque chose drainait mon énergie, ma volonté.

Je tente de me calmer, de reprendre le contrôle.

Demain, je me promets, je vais redescendre au village. Je parlerai aux gens.

Je dois comprendre ce qui se passe ici.

Pourquoi cette maison ?

Pourquoi ce sentiment d'être observé ?

Il doit y avoir une explication, quelque chose de rationnel, quelque chose qui puisse expliquer cette ambiance oppressante.

Mais pour l'instant, la nuit semble infinie, et je suis seul face à cette obscurité étouffante.

Je dois tenir.

Je n'ai pas d'autre choix.

Soudain, je m'immobilise.

Un bruit, étouffé, sourd, presque imperceptible au début.

Je tends l'oreille, mon cœur battant à tout rompre.

Et là, je les entends clairement : des plaintes, longues et déchirantes, qui semblent monter des entrailles de la terre.

Des hurlements de douleur, des voix de femmes brisées.

Le son me glace jusqu'aux os.

Il est impossible de savoir d'où il vient précisément, mais il semble vibrer sous mes pieds, comme si la maison elle-même portait ces échos funestes.

Sous terre ?

Est-ce mon imagination ?

Suis-je en train de perdre la tête ?

Les gémissements s'intensifient, déchirants, désespérés, emplis d'une souffrance que je ne peux comprendre.

Chaque cri semble me happer, m'enfermer dans une spirale de peur.

Je recule, les jambes tremblantes, incapable de détourner mon attention de ces voix invisibles, mais terriblement réelles.

Qui sont-elles ?

Pourquoi ces hurlements ?

Et pourquoi ici, sous cette maison, perdue dans les montagnes ?

L'orage gronde avec une violence grandissante, secouant les murs de la maison.

Les éclairs illuminent brièvement la pièce, projetant des ombres mouvantes et terrifiantes sur les murs. Chaque coup de tonnerre résonne comme une explosion, faisant trembler le sol sous mes pieds.

Le vent hurle à travers les fissures des fenêtres, s'engouffrant dans la maison avec un sifflement presque surnaturel.

Je sursaute à chaque claquement de volet, à chaque craquement du bois sous la pression des éléments déchaînés.

La pluie martèle le toit avec une intensité qui me donne l'impression qu'il pourrait céder à tout moment. Tout autour de moi, la nature semble s'être liguée avec cette maison pour m'effrayer davantage.

Je me sens encerclé, pris au piège dans une lutte que je ne comprends pas.

Mon esprit est envahi par les hurlements sous terre, le fracas de l'orage, et cette sensation oppressante que je ne suis pas seul.

Je me blottis contre un mur, cherchant désespérément un peu de réconfort dans cette maison glaciale et hostile.

Mon corps est lourd, mes paupières s'alourdissent malgré moi.

Je suis épuisé, vidé par la peur, par l'angoisse incessante qui me ronge depuis mon arrivée.

Le murmure du vent, les grondements de l'orage, tout devient un brouhaha lointain alors que mon esprit, à bout de forces, me pousse à lâcher prise.

Il faut que je dorme, juste quelques instants, pour reprendre des forces, pour retrouver un semblant de lucidité.

Mais même dans cet état de torpeur, une part de moi reste en alerte.

Est-ce la maison qui m'épuise ?

Est-ce quelque chose d'autre ?

Je serre mes genoux contre moi, frissonnant, alors que le sommeil finit par m'emporter dans une obscurité plus oppressante encore.

Il est 8 h du matin.

Un léger rayon de lumière perce à travers les volets mal fermés, éclairant faiblement la pièce.

Je viens de comprendre que j'ai dormi, un peu, malgré tout.

Mon corps est engourdi, et le froid mord ma peau, m'arrachant définitivement à ce maigre repos.

Je me redresse lentement, mes muscles protestant à chaque mouvement.

Le froid sec m'a réveillé, glacial et implacable, comme si cette maison ne voulait offrir aucun répit. Pourtant, un silence règne à présent.

Pas de bruits étranges, pas de hurlements, juste le murmure lointain du vent qui s'est calmé avec l'orage.

La maison semble apaisée, presque calme

Profitant de ce bref répit, je décide de me lever et de refaire le tour de la maison.

Mes jambes sont encore lourdes, mais je ressens le besoin de bouger, de comprendre.

Chaque pièce que je traverse est figée dans une ambiance poussiéreuse et oppressante.

Les murs semblent me regarder, chargés d'une histoire que je ne peux deviner.

Je m'aventure jusqu'à la grange, ma lampe en main. La lumière du jour qui filtre à travers les interstices des planches dessine des ombres mouvantes sur le sol. L'endroit est toujours aussi vide, à l'exception du tas de bois que j'avais aperçu la veille.

Pourtant, un détail m'interpelle.

Une odeur, métallique, âcre, que je n'avais pas remarquée hier.

Je m'approche lentement, balayant la pièce avec ma lampe.

Mon cœur s'emballe.

Quelque chose ne va pas ici.

Je pousse un soupir de soulagement en apercevant mes clés de voiture, posées sur un petit meuble près de la porte d'entrée.

Comment ai-je pu ne pas les voir hier soir ? Peut-être était-ce la panique, ou peut-être... non.

Il vaut mieux ne pas y penser.

L'idée qu'elles aient pu être déplacées me traverse l'esprit, mais je la chasse aussitôt.

Les doigts serrés autour des clés, je me sens légèrement soulagé.

Je vais descendre au village.

Ce lieu oppressant me pèse, et j'ai besoin de réponses. Peut-être que les commerçants de Cornimont pourront m'éclairer sur l'histoire de cette maison.

Et, accessoirement, un bon petit-déjeuner chaud me fera le plus grand bien.

Je prends une veste pour me protéger du froid matinal, glisse mes clés dans ma poche et quitte la maison, laissant derrière moi cette ambiance pesante... mais pas mon inquiétude.

Après avoir descendu le col sinueux, je vois enfin l'entrée du village.

Un contraste saisissant m'attend.

Là où la maison et la forêt respirent l'oppression et le mystère, Cornimont dégage une chaleur inattendue. Les façades des maisons sont accueillantes, ornées de volets colorés et de jardinières débordantes de fleurs. L'air est frais, mais la lumière douce du matin donne au lieu une ambiance paisible et presque réconfortante.

Je ralentis en approchant, observant les rues bien entretenues. Quelques habitants sont déjà dehors, discutant ou arrosant leurs plantes.

Le village semble figé dans un calme rassurant, une bulle de sérénité au milieu des montagnes.

Je gare la voiture près de ce qui semble être le centre du village.

L'odeur d'un fournil tout proche me fait tourner la tête.

Un bon petit-déjeuner semble être une priorité avant d'engager la moindre discussion.

Mais malgré cette apparence idyllique, une question continue de marteler mon esprit : qu'est-ce que cette maison représente vraiment pour mes parents ?

Et pourquoi ici, dans cet endroit si éloigné ?

En avançant dans les rues du village, mon regard est attiré par un petit bar PMU, situé sur la place centrale. C'est visiblement un point de ralliement pour les habitants.

Plusieurs hommes sont regroupés devant, discutant vivement autour de leur café matinal, tandis que d'autres, à l'intérieur, grattent des tickets de loto ou lisent le journal.

La façade est modeste, ornée d'une enseigne un peu délavée, mais l'ambiance qui s'en dégage est conviviale.

J'hésite un instant, puis décide que c'est l'endroit idéal pour commencer à poser mes questions.

Les gens du coin savent toujours plus qu'ils ne laissent paraître, surtout dans les petits villages comme celui-ci.

Poussant la porte, je suis accueilli par une chaleur agréable et l'odeur du café fraîchement moulu.

Une vieille horloge pend au mur, son tic-tac régulier couvrant à peine le brouhaha des conversations.

Tous les regards se tournent brièvement vers moi avant de reprendre leurs occupations, sauf celui du barman, un homme jovial d'une cinquantaine d'années.

— Bonjour, lance-t-il avec un sourire.

Vous êtes de passage ?

— Oui, répondis-je en m'approchant du comptoir. J'habite en région parisienne et je viens voir une maison que mes parents m'ont léguée.

Le barman arqua un sourcil, visiblement intrigué, tout en essuyant un verre avec un torchon.

Autour de moi, quelques conversations baissèrent d'un ton, et plusieurs clients tournèrent discrètement la tête dans ma direction.

Mon annonce semblait avoir éveillé leur curiosité, ou peut-être leur méfiance.

— Une maison, dites-vous ?

Dans le coin ?

Demanda barman, son ton trahissant une légère réserve. Celle où, exactement ?

J'hésitai un instant, sentant l'atmosphère du lieu devenir un peu plus lourde.

Peut-être avais-je touché un sujet sensible sans le vouloir.

— Euh… Elle est isolée, près de la forêt, dis-je en cherchant mes mots.

Je crois qu'elle se trouve sur un ancien chemin en hauteur, pas très loin d'ici.

Un silence se fit.

Quelques regards échangés parmi les habitués confirmèrent mon impression : ils savaient quelque chose à propos de cette maison.

Le barman me regarda, l'air soudain plus sérieux, et son ton se fit plus bas.

— La maison en haut du col ? Demanda-t-il ses yeux scrutant les miens, comme pour évaluer si je savais vraiment ce dont je parlais.

Je hochai la tête, surpris de sa réaction.

Il semblait avoir reconnu immédiatement la maison dont je parlais, comme si ce lieu avait une histoire bien particulière dans le village.

Le barman soupira, et un léger malaise s'installa dans l'air.

Quelques clients autour du comptoir échangèrent des regards discrets, mais personne ne prononça un mot.

La simple évocation de cette maison suscitait une tension et une appréhension.

— C'est… Une maison étrange, dit-il enfin, d'un ton qui se voulait rassurant, mais qui trahissait une certaine appréhension. Beaucoup de gens du village préfèrent l'ignorer, vous savez.

Je sentis mon cœur s'accélérer.

Pourquoi tout le monde semblait réagir ainsi ? Que se passait-il vraiment autour de cette maison ?

Le barman me fixa un instant, comme s'il pesait ses mots avant de continuer, son regard furtif se tournant vers les autres clients, qui écoutaient en silence.

— Un couple y a habité il y a quelques années, dit-il, sa voix baissant d'un ton.

Ils ne venaient que le week-end, mais… Il marqua une pause, comme si l'histoire qu'il allait raconter était difficile à revivre.

Ils se plaignaient de choses étranges qui se passaient là-haut.

Des bruits la nuit, des portes qui claquaient sans raison, des chuchotements, même…

Je sentis une boule se former dans ma gorge, une sensation de malaise qui ne cessait de grandir.

Cela correspondait à tout ce que j'avais ressenti dans la maison, ce poids constant, ces bruits, cette présence…

— Ils ne sont jamais revenus, poursuivit-il, en secouant lentement la tête.

Ils ont quitté la région peu de temps après, mais ils ont fait part de leur expérience à plusieurs personnes.

Certains disent que la maison est maudite, mais qui sait… On n'en parle pas trop ici.

Les clients autour du comptoir échangèrent un autre regard, comme s'ils validaient silencieusement les propos du barman.

L'atmosphère était devenue plus lourde, presque oppressante.

— Vous devriez peut-être… Réfléchir avant de rester là-bas trop longtemps, ajouta-t-il, en me lançant un dernier regard.

Certains endroits sont… Mieux laissés dans l'ombre.

Un frisson parcourut mon corps.

Parlait-il de mes parents ?

Tout semblait correspondre, chaque mot, chaque détail.

Les manifestations étranges, les bruits, la maison isolée.

Tout cela faisait écho à ce que j'avais ressenti, ce que j'avais découvert la nuit précédente.

Je restai silencieux un moment, absorbé par ces révélations.

Mes parents avaient-ils eux aussi vécu ce genre de choses dans cette maison ?

Pourquoi ne m'en avaient-ils jamais parlé ?

Leur silence me parut soudain étrange, presque suspect. Ils étaient toujours très réservés, mais n'avaient jamais mentionné une telle expérience.

Est-ce que cela faisait partie des raisons pour lesquelles ils m'avaient légué cette maison ?

Le barman me regarda, attendant apparemment une réaction.

Il savait que j'avais compris.

— Et mes parents ? Balbutiai-je enfin, ma voix trahissant l'inquiétude qui montait en moi.

Est-ce qu'ils ont… Eux aussi vécu des choses étranges là-bas ?

Le barman se tut un instant, puis il tourna son regard vers la fenêtre, comme s'il cherchait ses mots.

— Ils ne parlaient jamais de la maison, dit-il lentement, mais les gens disaient qu'ils évitaient d'y aller plus longtemps que nécessaire.

Peut-être qu'ils ont… Abandonné aussi, comme le couple.

Peut-être qu'ils ont su qu'il valait mieux…

Il s'arrêta là, laissant ses mots suspendus dans l'air, comme un avertissement que je ne pouvais ignorer.

Alors que je m'apprêtais à répondre au barman, un vieil homme s'approcha lentement du comptoir.

Il portait un manteau usé, ses cheveux gris étaient en bataille, et ses yeux, bien que fatigués par l'âge, brillaient d'une vivacité étrange.

Il s'arrêta devant moi, son regard scrutant le mien comme s'il cherchait à lire en moi.

— Tu veux boire un café, mon garçon ? Dit-il d'une voix rauque, mais étonnamment douce.

Je crois qu'on doit discuter.

Je le regardai un instant, intrigué par cette invitation soudaine.

Qui était cet homme ?

Pourquoi avait-il l'air de savoir quelque chose que je n'avais pas encore découvert ?

Il y avait dans son attitude une certaine urgence, une sorte de pression, comme si le temps lui échappait.

— Pourquoi pas, répondis-je finalement, me levant lentement de ma chaise.

Je suis un peu perdu, en fait.

Il hocha la tête, un sourire à peine visible se dessina sur son visage ridé.

Puis, il se tourna vers le barman.

— Un café pour le jeune homme, et un pour moi aussi.

Pas trop fort.

Le barman sans un mot commença à préparer les boissons.

Le vieil homme m'invita à m'asseoir à une petite table près de la fenêtre.

Une fois installé, il se pencha légèrement en avant, son regard fixé sur moi, plus sérieux maintenant.

— Tu viens de cette maison, n'est-ce pas ? Demanda-t-il, ses yeux perçant à travers moi.

Tu n'es pas le premier à chercher des réponses là-bas. Mais je t'avertis, certains secrets sont mieux gardés.

Je frissonnai.

Comment savait-il cela ?

Comment savait-il que je venais de la maison ?

Le vieil homme me fixa intensément, comme s'il pesait chaque mot avant de le prononcer.

Sa voix, faible, mais claire, brisa finalement le silence qui s'était installé entre nous.

— J'ai entendu votre conversation.

Il marqua une pause, jetant un coup d'œil furtif au barman, qui nous observait de loin, visiblement curieux, mais restant discret.

Je dois vous parler de certaines choses.

Je le regardai, mon cœur battant un peu plus vite. Qu'est-ce qu'il savait ?

Pourquoi semblait-il me connaître, moi et la maison ?

— De quoi s'agit-il ? Demandai-je, ma voix teintée de nervosité.

Il hésita un instant, comme s'il cherchait les bons mots.

Puis il se pencha un peu plus près de moi, abaissant la voix pour que seul moi puisse l'entendre.

— Cette maison... Il fit une pause, les mots semblant lourds dans sa bouche.

Elle n'a jamais été normale.

Il me regarda, s'assurant que j'écoutais attentivement. Les gens qui y sont allés ont toujours ressenti une présence... Quelque chose de mauvais, qui n'a jamais voulu les laisser partir.

Ce n'est pas une maison comme les autres.

Elle a des yeux, des oreilles, et elle attend.

Elle attend ceux qui osent s'y aventurer.

Je frissonnai à ces mots.

Ses paroles résonnaient comme un avertissement, un cri silencieux pour me prévenir d'un danger que je n'avais pas encore saisi.

— Pourquoi personne ne m'a rien dit ? M'échappai-je, plus choqué par la réalité de ses paroles que par le simple fait qu'un inconnu en sait tant sur cette maison.

Pourquoi mes parents ne m'ont-ils jamais parlé de tout cela ?

Le vieil homme détourna brièvement les yeux, comme si le souvenir était trop lourd.

Puis il reprit la parole, d'une voix rauque, presque un murmure.

— Ils savaient.

Ils savaient tout.

Mais ils ont préféré garder le silence.

Le vieil homme marqua une pause, son regard se faisant plus sombre, comme s'il pesait l'impact de ses mots.

Puis, il continua, sa voix basse et chargée d'une étrange gravité.

— Au début du siècle, cette maison... elle a été construite sur une fosse commune.

Il baissa les yeux un instant, comme s'il cherchait à rassembler ses pensées.

Les habitants de Cornimont, ceux qui n'avaient pas de moyens, ont tous été enterrés là-bas.

Je le regardai, incrédule, à peine capable d'assimiler ce qu'il venait de dire.

Une fosse commune ?

Pourquoi personne ne m'avait jamais averti de cela ?

— C'était une époque difficile.

Il soupira, et je vis une lueur de tristesse dans ses yeux.

Les pauvres n'avaient pas de place ailleurs.

Et ceux qui mouraient de maladie, d'accidents, ou même de pauvreté, étaient entassés là, dans ce qui était censé être un terrain sans valeur.

Mais… Certains disent que cette terre porte une malédiction.

Qu'elle ait été souillée par la souffrance et la haine de ceux qui y reposent.

Je sentais mes jambes devenir molles, un frisson glacial me parcourant l'échine.

— Tu vois, poursuivit-il d'une voix presque théâtrale, lorsque la maison a été construite, les habitants pensaient que les âmes des morts n'étaient que des souvenirs lointains, des bruits du passé.

Mais il y en a certains qui croient que leurs souffrances n'ont jamais été apaisées.

Ces âmes restent accrochées à ce lieu, et elles… Elles cherchent à se venger.

Il se leva lentement, son regard toujours fixé sur moi.

— Les anciens du village savent tout ça, mais ils ne parlent pas.

Ils ont appris à vivre avec cette présence, mais toi, jeune homme… Tu n'es qu'un visiteur dans un endroit où personne n'a jamais voulu s'attarder.

Tu vois, il me lança un dernier regard lourd de sens, tu n'es pas le seul à avoir ressenti cette peur dans la maison.

Tout le monde qui a tenté d'y vivre l'a ressentie, à un moment ou à un autre.

Je restai là, abasourdi par ses paroles.

Le café devant moi était froid, mais je n'avais plus goût à rien.

Les images de la maison, de la grange, de la forêt... tout cela prenait un sens bien plus effrayant que je n'aurais jamais pu l'imaginer.

— Tu as choisi de t'aventurer ici, dit-il enfin, presque avec un sourire triste.

Maintenant, il est trop tard.

Le vieil homme fit une pause, ses yeux fixés sur le fond de sa tasse, comme s'il cherchait à se remémorer des souvenirs trop lourds à porter.

Puis, d'une voix plus basse, il poursuivit :

— Il y avait de bonnes âmes, comme des mauvaises. Il releva les yeux vers moi, son regard perçant.

Les bonnes, celles qui n'avaient rien, mais qui n'éprouvaient pas de rancœur.

Elles reposent là, silencieuses.

Mais les mauvaises… Elles ne sont pas prêtes à laisser ce lieu en paix.

Elles restent toujours.

Je frissonnai en entendant ses mots. Qu'est-ce qu'il voulait dire par là ?

— Les mauvaises âmes, reprit-il, ce sont celles qui sont mortes dans des conditions... violentes, injustes. Des gens qui avaient encore des comptes à régler, des regrets.

La souffrance de leur mort les a ancrées dans ce sol, et ça, ça ne se pardonne pas.

Elles hantent cette maison.

Elles attendent que quelqu'un vienne... quelqu'un qui ne sait pas.

Le silence s'installa, lourd et oppressant.

Le bruit de l'horloge au mur semblait plus fort, comme une

voix venant du passé, écho d'un temps révolu.

— C'est ce qui arrive aux maisons construites sur de telles terres.

Elles sont marquées par la souffrance des âmes qui y reposent. Certaines cherchent la rédemption, mais d'autres… Elles cherchent à attirer les vivants dans leur souffrance.

Il laissa tomber ses mots, comme un avertissement, un fardeau qu'il me transmettait, et je ne savais pas si je devais les croire ou fuir.

Je sentais la peur grandir en moi, un froid glacial m'envahissant.

L'idée de partir m'effleurait l'esprit, mais une autre question brûlait mes lèvres.

— Pourquoi m'avoir dit tout ça maintenant ?

Pourquoi me mettre dans cet état ?

Il sourit tristement, comme s'il savait que sa réponse allait me troubler encore plus.

— Parce que tu es peut-être le dernier à pouvoir comprendre.

Il se leva lentement, posa sa tasse et se tourna vers moi.

Peut-être que toi, seul, tu peux briser le cycle.

Mais à quel prix ?

Je restai là, figé, les mots du vieil homme résonnant dans ma tête.

La réponse semblait à portée de main, mais la vérité, je n'étais pas sûr de la vouloir.

Le vieil homme plongea son regard dans le mien, un regard lourd de sagesse et de secrets qu'il portait depuis trop d'années. Son visage ridé se ferma un instant, comme s'il cherchait à peser ses mots avant de les délivrer.

— Il y a des entités, murmura-t-il enfin, qui ne sont pas seulement des esprits.

Ce ne sont pas des âmes perdues qui cherchent la lumière.

Ce sont des forces plus anciennes, des présences... malveillantes.

Elles ont été attirées par la souffrance, par les malheurs des vivants, et elles s'accrochent aux lieux où la douleur a été profonde.

Il se rapprocha, baissant la voix comme s'il craignait que quelqu'un d'autre entende.

— Ceux qui sont morts là-haut, dans cette maison, n'étaient pas tous des innocents.

Certains étaient coupables de crimes, de trahisons, de tortures...

Leur malheur, leur colère, ça a attiré des choses bien pires.

Elles ne sont pas mortes avec eux.

Elles sont justes... changé.

Elles se nourrissent de la peur, de la solitude, du doute.

Il marqua une pause, ses yeux devenant plus sombres. Et elles attendent.

Elles attendent qu'on vienne.

Qu'on entre dans leur monde.

Je sentais mon estomac se nouer, une sensation de froid intense se répandant dans mes membres.

L'horreur de ses mots me glaçait, et pourtant, je ne pouvais détourner les yeux.

— Les portes de cette maison..., reprit-il d'une voix presque inaudible, elles s'ouvrent sur autre chose.

Ce n'est pas qu'une simple maison.

Ce que tu ressens là-bas... ce n'est pas juste l'humidité ou le vent.

Ce sont eux.

C'est leur présence.

Ils sont là, tapis dans l'ombre, attendant de t'attirer, d'envahir ton esprit.

Je n'avais plus de mots.

Il était impossible de dire si ce qu'il disait était vrai ou non, mais le poids de ses paroles me poussait à douter de tout ce que j'avais cru jusque-là.

Mon esprit, si rationnel jusque-là, commençait à vaciller.

La peur s'insinuait, insidieuse, et je n'arrivais plus à voir la réalité aussi clairement.

— Si tu veux y retourner, dit-il enfin, prépare-toi.

Car ce qui t'attend là-bas, ce n'est pas simplement un vieux bâtiment.

C'est un piège.

Un piège pour ton âme.

Je restai figé, les mots du vieil homme résonnant dans ma tête, jusqu'à ce qu'ils s'effacent dans le bruit des portes du bar qui s'ouvrent.

Une sensation de vertige me saisit.

Tout en moi me criait de partir, de fuir loin de cette maison.

Mais une autre partie de moi, plus faible, était attirée par l'inconnu, comme un insecte par la lumière.

Le vieil homme se tourna et s'éloigna, laissant derrière lui une aura de mystère.

Avant de disparaître dans l'ombre de la rue, il se retourna une dernière fois, et d'un dernier sourire énigmatique, murmura :

— Tu as été prévenu.

Je me surpris à sourire, un sourire amer, presque irréel.

C'était comme si tout ce que le vieil homme m'avait dit, tout ce que j'avais ressenti jusque-là, ne pesait plus aussi lourd.

Peut-être était-ce l'épuisement, ou peut-être la fascination morbide qui naissait en moi.

Mais je ne pouvais nier que cette maison m'attirait d'une manière étrange, presque irrésistible.

Maintenant que je connais son histoire, me dis-je, je peux la comprendre.

Elle n'est pas qu'un lieu de terreur.

C'est un lieu de mémoire.

Un lieu où le passé et le présent se mélangent.

Les entités, les présences… Ce n'étaient plus que des fragments d'une histoire vieille de plusieurs décennies. Des fantômes, des murmures dans l'air, oui, mais aussi une maison, des pierres, des bois usés par le temps.

Et dans ce passé lourd de souffrance, il y avait quelque chose de fascinant.

Peut-être étais-je devenu un peu comme eux, ces âmes tourmentées qui avaient vécu ici avant moi.

Peut-être avais-je, moi aussi, une place à prendre parmi eux.

La pensée me glaça.

Mais à la place de la peur, un frisson d'excitation parcourut mon échine.

Je me levai d'un coup, comme un homme prêt à plonger dans l'inconnu, à embrasser le mystère de cette maison.

— Je vais y retourner, murmurais-je, presque pour me convaincre.

Je savais que la maison, avec tout son poids d'histoire et ses secrets enfouis, m'attendait.

Et pour une raison étrange, je me sentais prêt à affronter ce qui m'attendait, que ce soit la terreur ou la vérité.

La maison n'était plus un simple héritage, c'était devenu une quête, un défi.

Les horreurs du passé, les souffrances enterrées sous le sol, tout cela devenait un appel irrésistible. Je devais comprendre.

Je sortis du bar, mon esprit tourné vers la maison, vers ce qu'elle dissimulait encore sous ses murs.

Le vent soufflait fort, mais ce n'était pas cela qui me glaçait maintenant.

C'était l'anticipation.

Et, à mesure que je montais la route vers le col, je comprenais que je n'avais plus de retour possible.

J'avais choisi mon chemin.

La maison me fascinait désormais.

De retour à la maison, l'atmosphère semblait différente, moins pesante, moins oppressante.

C'était comme si l'air avait changé, comme si le poids de la nuit, des ombres et des murmures qui m'avaient tourmenté s'était dissipé, même si je savais qu'il n'était jamais bien loin.

Les premiers rayons du matin pénétraient à peine à travers les rideaux déchirés, et la maison semblait respirer, comme si elle attendait mon retour.

Les bruits de la grange, les hurlements dans la nuit… Tout cela me semblait lointain, irréel, comme un mauvais rêve dont les contours se faisaient flous.

Mais je savais que cela n'était pas fini.

Non, la maison avait encore beaucoup de secrets à me révéler.

Je pris une grande inspiration, m'efforçant de calmer mes battements de cœur.

Il était étrange, ce calme qui régnait maintenant.

Un calme trop parfait, trop tranquille.

Pourtant, je me sentais plus calme, comme si j'avais accepté ma place ici, au milieu de cette histoire tissée de terreur et de mystères.

Je me dirigeai vers la cheminée, où quelques braises mourantes commençaient à émettre une faible lueur. Je réajustai les morceaux de bois, en espérant raviver le feu.

Les crépitements familiers me rappelaient que, malgré tout, cette maison pouvait aussi offrir un peu de chaleur, un peu de lumière.

La fatigue m'envahit soudainement.

La journée m'avait épuisé, et je n'avais plus la force de me tourmenter davantage.

Après tout, je n'avais plus peur, ou du moins, je faisais semblant de ne plus avoir peur.

Peut-être que l'inconnu, le surnaturel, les choses qui échappent à la logique, étaient finalement des choses que l'on devait accepter, sans chercher à tout comprendre.

Je posai mes affaires, décidant de m'installer dans un coin de la pièce.

Peut-être que le calme de la maison, cette fois, serait un véritable répit.

Mais une pensée persistante me traversa l'esprit, une pensée qui me glacera encore quelques jours plus tard.

Est-ce que le silence est vraiment la paix, ou simplement l'attente avant le prochain hurlement ?

Je fermai les yeux, espérant trouver le sommeil, tout en sachant que cette maison, ses secrets et ses ombres, ne me laisserait jamais tout à fait tranquille.

J'avais des heures de sommeil en retard et, avec l'esprit apaisé par la conversation avec le vieil homme, il me prit l'envie de dormir et de faire le point sur cette demeure.

La journée avait été longue, et bien que la fatigue me pesât, je n'avais plus cette angoisse persistante qui m'avait accompagné depuis mon arrivée.

Le calme semblait avoir pris possession des lieux, et la maison, qui auparavant m'avait semblé si menaçante, paraissait presque accueillante à présent.

Je me laissai tomber sur le canapé, mes jambes lourdes de fatigue.

Le crépitement des braises mourantes dans la cheminée était presque apaisant, une mélodie douce qui contrastait avec l'atmosphère qui avait régné la veille. J'avais enfin le sentiment de reprendre un peu de contrôle sur la situation.

Mes yeux se fermèrent lentement, et je me laissai envahir par la chaleur du feu, les paupières alourdies par le sommeil.

Je voulais simplement m'endormir, oublier les bruits mystérieux, les ombres, les cris de femmes sous terre. Juste quelques heures de répit avant d'affronter une nouvelle journée, avant de devoir remettre de l'ordre dans tout ce qui avait été dit, dans tout ce que j'avais découvert.

Mais au fond de moi, une question persistait : pourquoi cette maison ?

Pourquoi mes parents l'avaient-ils choisie ?

Et surtout, pourquoi m'avaient-ils caché son histoire ? Ces interrogations restaient suspendues dans l'air, comme des spectres invisibles.

Je plongeai dans un sommeil lourd et sans rêves, comme si tout le poids de la nuit précédente s'effondrait sur mes épaules.

Mais même dans le sommeil, je sentis que la maison m'observait. Elle ne m'avait pas encore tout révélé, et ses secrets, aussi enfouis soient-ils, finiraient par refaire surface.

Le temps semblait s'étirer dans cet endroit, comme suspendu entre le passé et le présent. Mais pour l'instant, je dormais, le cœur calme, l'esprit enfin prêt à se reposer.

Des heures passèrent.

La forêt, d'ordinaire si dense et oppressante, était maintenant calme, d'une tranquillité presque surnaturelle.

Le vent avait cessé de souffler, et il n'y avait plus ce frémissement inquiétant des branches sous la pression d'une force invisible.

À l'extérieur, le silence était total, comme si la nature elle-même retenait son souffle.

Je viens de me réveiller, les yeux encore lourds de sommeil.

L'air froid de la montagne s'infiltrait à travers les fenêtres mal isolées, me glaçant la peau et me ramenant brutalement à la réalité.

La cheminée ne brûlait plus, et le crépitement des braises était désormais un lointain souvenir.

Je me levai lentement, m'étirant, mais mes muscles étaient encore engourdis.

La fatigue accumulée semblait se dissiper peu à peu, bien que je ne puisse échapper à cette sensation persistante de malaise, cette impression que quelque chose n'allait pas.

Je me dirigeai vers la fenêtre.

De là, la vue était splendide, presque irréelle.

La forêt s'étendait à perte de vue, un océan de vert et de brume légère, recouvrant les collines environnantes.

Malgré la splendeur du décor, une sourde inquiétude me taraudait.

Quelque chose m'échappait, quelque chose de fondamental.

La maison semblait encore plus silencieuse qu'auparavant, comme si elle m'observait en attendant que je fasse le prochain mouvement.

Je me demandai, un instant, si je n'étais pas en train de rêver, si tout ceci n'était pas un piège tendu par mes propres peurs.

Mais l'air glacé qui m'enveloppait me rappela rapidement que ce n'était pas le cas.

J'étais ici, dans cette maison étrange, qui, à chaque instant, semblait me défier de comprendre son histoire.

Je pris une profonde inspiration et décidai qu'il était temps de sortir.

Il fallait que je fasse face à ce qui se cachait dans l'ombre de cette forêt, et peut-être obtenir enfin les réponses qui m'avaient été refusées jusque-là.

Je pris une profonde inspiration, cherchant à me rassurer, et quittai la maison.

Le froid de la montagne me frappa immédiatement en sortant, mais il était à la fois vivifiant et déstabilisant. Le ciel était encore gris, lourd de promesses de pluie. Je n'éprouvais qu'une seule envie : quitter cet endroit, mais je devais d'abord faire le point, comprendre ce qui se cachait vraiment derrière ces phénomènes étranges.

La route sinueuse me mena de nouveau au village de Cornimont.

Le trajet, court, mais sinueux, me permit de rassembler mes pensées.

En arrivant au village, je fus frappé par la sensation de calme qui y régnait, une tranquillité presque déconcertante.

Les habitants semblaient poursuivre leur vie sans se soucier des événements étranges qui s'étaient déroulés dans la maison en haut du col.

Je garai la voiture près de la place principale et me dirigeai vers le petit café que j'avais repéré la veille.

Le barman était là, comme si rien n'avait changé.

En entrant, une chaleur réconfortante m'enveloppa, une sensation de normalité, qui contrastait profondément avec l'atmosphère de la maison.

Je pris place à une table près de la fenêtre et commandai un café.

Le barman me regarda un instant avant de se détourner, comme s'il était pressé d'ignorer ma présence. Mais quelque chose dans son regard m'intriguait. Peut-être une lueur de méfiance, ou simplement de lassitude.

Je bus une gorgée de café brûlant, le regard perdu à travers la vitre.

L'envie de partir me tenaillait encore, mais il y avait quelque chose que je devais comprendre.

Je ne pouvais pas quitter ce village sans avoir toutes les cartes en main.

Je décidais de faire quelques courses, des produits de première nécessité, mais aussi, peut-être, quelques petites questions aux commerçants sur la maison.

Après tout, la journée ne faisait que commencer, et il me semblait qu'une part de vérité se cachait encore dans ce petit village tranquille, prêt à émerger lorsque je serai prêt à l'entendre.

En quittant la supérette, je pris le chemin du col, un peu plus détendu, mais toujours hanté par les pensées liées à cette maison étrange.

La route, sinueuse et étroite, serpentait à travers la montagne, et mes pensées vagabondaient, revenues sur ce que m'avait dit le vieil homme.

Une histoire de fosses communes, d'entités...

Peut-être qu'il se faisait simplement vieux et qu'il racontait des histoires, mais il y avait quelque chose de terriblement sincère dans son regard.

À la sortie du col, mes yeux s'écarquillèrent en apercevant un petit bâtiment au bord de la route, un lieu qui n'avait rien à voir avec ce que j'avais pu voir dans ce village jusqu'à présent.

C'était un magasin de tatouage, un endroit où se pressaient plusieurs jeunes gens autour de l'entrée.

L'atmosphère était tout à fait différente de celle que je venais de quitter.

Là où le village m'avait semblé calme et figé dans le temps, cet endroit, à quelques kilomètres de là, était animé et vivant, presque moderne.

Intrigué, je ralentis.

Les jeunes, un mélange de garçons et de filles, semblaient attendre leur tour, certains avec des dessins dans la main, d'autres avec des sourires excités.

L'enseigne du magasin était plutôt sobre, mais l'endroit dégageait une énergie qu'on ne trouvait pas partout dans le village. Tout semblait un peu décalé, comme un petit îlot de jeunesse au milieu de cette région paisible.

Je n'avais jamais été un grand fan de tatouages, mais quelque chose me poussait à m'arrêter. Peut-être l'envie de comprendre encore mieux ce coin perdu, ou bien juste la curiosité d'entrer dans un endroit qui détonnait tant dans ce décor montagnard.

Je me garai un peu plus loin et décidai d'entrer.

Dès que la porte s'ouvrit, une sonnerie discrète retentit.

L'atmosphère à l'intérieur était encore plus différente que ce que j'avais imaginé.

Le bruit des aiguilles, la lumière tamisée, les murs couverts de dessins.

Plusieurs personnes étaient assises, attendant leur tour. Le tatoueur, un homme que tout le monde appelait "Lolo", était occupé à travailler sur un bras.

Il n'avait ni barbe, ni lunettes, mais son regard perçant et sa présence dégageaient une autorité tranquille.

L'endroit respirait une énergie presque électrique, comme si la créativité y était palpable.

Une sorte de tension palpable, mais aussi un besoin de s'exprimer, d'affirmer son identité.

La jeune femme au comptoir, qui semblait être une habituée du lieu, me fixa un instant avant de sourire. « C'est votre première fois ? » demanda-t-elle d'une voix calme, mais accueillante.

Je secouai la tête, un peu embarrassé.

« Non, non, juste curieux... »

Je laissai ma phrase en suspens, en réfléchissant à ce qui m'avait attiré ici.

Le barman m'avait parlé des secrets enfouis dans cette région, et une partie de moi se demandait si ce magasin, cet endroit vibrant, pouvait avoir un lien avec l'histoire que j'étais en train de découvrir.

Peut-être que ces jeunes en savaient plus qu'ils ne le laissaient entendre.

Laurent, ou "Lolo" comme tout le monde l'appelait, leva les yeux de son travail, visiblement déconcentré par ma présence.

Il posa doucement l'aiguille, essuya ses mains sur un chiffon, et me salua d'un ton amical, presque chaleureux.

"Ah, un visiteur," dit-il en souriant.

Bienvenue dans mon antre.

Désolé pour la pause, mais je n'ai pas l'habitude de voir des gens errer dans le coin sans but.

Vous êtes de passage, où vous vous installez par ici ?

Je le fixai un instant.

Il ne semblait pas surprenant, mais son accueil m'intrigua.

Il avait une manière calme, presque apaisante, comme s'il était en phase avec les lieux, une sorte de symbiose qui contrastait avec l'atmosphère électrique du magasin.

Je lui répondis, espérant faire une conversation anodine.

Je viens juste de m'installer dans une maison à proximité, à Cornimont.

Je fais quelques recherches sur l'histoire du coin, dis-je, sans savoir vraiment pourquoi je lui racontais ça.

Laurent, toujours souriant, hocha la tête et sembla intéressé.

Il fit une pause, fixant l'espace un peu plus loin.

Cornimont, n'est-ce pas ?

C'est un endroit pas comme les autres… Il y a des histoires

dans les murs de ce village.

Et dans certaines maisons, voilà des années qu'elles attendent d'être découvertes.

Il ne dit rien de plus, mais l'air qu'il dégageait laissait entendre qu'il savait beaucoup plus que ce qu'il voulait bien partager.

Ses mots, bien que calmes, semblaient avoir un poids, comme un avertissement déguisé.

"Peut-être qu'on en reparlera… Si vous le souhaitez", ajouta-t-il enfin, en me lançant un regard discret, mais significatif.

Je souris, un peu surpris par l'étrangeté de la conversation, mais je décidai de rester poli.

"Merci, je suis ravi d'avoir fait votre connaissance aussi", répondis-je, en essayant de détendre l'atmosphère.

J'ai hâte de découvrir un peu plus cette région.

On m'a dit que les Hautes Vosges sont magnifiques.

Laurent, ou Lolo, me rendit un sourire complice, comme s'il avait compris quelque chose que je n'avais pas encore saisi.

Oh, elles le sont, en effet.

Mais il y a quelque chose d'autre ici… Quelque chose qui vous échappera, à moins de savoir où chercher.

Il marqua une pause, puis ajouta avec un ton un peu plus grave : Les montagnes sont belles, mais elles ont leurs secrets.

Je le regardai, déstabilisé par cette dernière remarque. Il semblait vouloir dire quelque chose, mais il se tut, comme s'il avait choisi de ne pas en dire plus.

Un frisson me parcourut le corps, mais je fis un effort pour garder mon calme.

Peut-être était-ce juste un vieux conte local, une superstition comme tant d'autres.

"Eh bien, je suppose qu'il est temps de partir à l'aventure," dis-
je en essayant de changer de sujet, tout en me levant de ma
chaise.

"Oui, n'oubliez pas de respecter les montagnes, elles n'aiment
pas être dérangées", répondit Lolo d'un ton tranquille, mais son
regard, cette fois, était plus intense, presque insondable.

Je quittai le magasin avec un sentiment étrange, partagé entre
la curiosité et un léger malaise.

Les Hautes-Vosges, apparemment, n'étaient pas simplement
une belle région à visiter.

Elles avaient quelque chose d'intrigant, de mystérieux… Et
peut-être de dangereux.

En retournant vers la maison, je ressentis un mélange d'émotions.

Heureux d'avoir croisé Lolo et d'avoir, ne serait-ce que brièvement, échappé à l'isolement qui pesait sur moi.

Il m'avait donné l'impression qu'il y avait encore un peu d'hu-
manité dans ce coin reculé des Vosges, ce qui était un réconfort
après les événements étranges des dernières heures.

En même temps, un malaise persistant m'envahissait. Chaque
bruit de la forêt, chaque mouvement furtif à la lisière de la
route semblait me rappeler que, malgré les sourires et les gestes
amicaux, quelque chose d'invisible, de bien plus sombre, se cachait ici.

Cette maison, cet endroit, avait un poids qui me semblait de
plus en plus difficile à ignorer.

Je pris une profonde inspiration en approchant de la bâtisse.

La façade, autrefois imposante, semblait plus petite, presque
écrasée par l'ombre de la forêt.

Les arbres s'étaient rapprochés au fil du temps, comme s'ils cherchaient à engloutir la maison, à la dissimuler sous leurs branches tordues.

Je m'arrêtai un instant devant la porte, hésitant.

Cette maison n'était pas qu'un simple héritage.

Elle faisait partie de quelque chose de plus grand, de plus ancien.

Il y avait des secrets à découvrir, et j'étais déterminé à les percer, qu'ils me fassent peur ou non.

Si mes parents avaient voulu me cacher cette histoire, ce n'était sûrement pas par hasard.

Je franchis la porte, le bruit du bois craqué résonnant dans le silence de la maison.

Elle semblait attendre, comme si elle m'avait appelé. La grange, la cave, le grenier… Tout semblait receler un mystère. Il me fallait tout explorer, tout comprendre.

Si des esprits étaient attachés à ce lieu, je voulais savoir pourquoi.

Je n'étais plus simplement un héritier qui se contentait de vivre dans une maison démodée.

J'étais un homme face à son destin, face à des forces qu'il ne comprenait pas encore.

Et cette fois, je n'avais pas l'intention de fuir.

Je fermai la porte derrière moi, et, dans la pénombre de la maison, je me mis à chercher les réponses que l'endroit semblait me refuser.

Je fouillai dans mon sac, cherchant la lampe à pétrole que j'avais achetée plus tôt.

La pénombre de la maison m'enveloppait lentement, et l'ombre des murs semblait se resserrer autour de moi.

Je n'avais pas imaginé qu'une maison, aussi vieille et isolée, serait privée d'électricité depuis si longtemps. Mais dans un sens, cela ajoutait une touche étrange et presque inquiétante à l'endroit.

La lumière vacillante de la lampe à pétrole serait, pour le moment, mon seul guide.

Je la préparai, faisant attention à ne pas faire trop de bruit, comme si chaque geste dans cette maison devait être mesuré.

Une fois l'huile en place et l'allumage réussi, une lumière douce et tremblotante éclata dans la pièce.

Les ombres dansaient autour de moi, et la chaleur de la flamme me rappela que je n'étais pas tout à fait seul dans ce lieu.

La maison semblait encore plus grande sous cette lumière, avec ses pièces froides et silencieuses.

Le bruit des bois du plancher, qui craquaient sous mes pas, me donnait l'impression que chaque recoin de cette maison était sur le point de m'avaler.

Je m'avançai, m'arrêtant devant une porte qui menait à ce qui semblait être un salon.

Le sol était jonché de vieux papiers et de poussière, des traces du passé de mes parents.

Ils n'avaient laissé aucune note, aucun indice sur ce qui se cachait ici.

Tout était verrouillé dans un silence lourd, presque oppressant.

Le vent soufflait fort dehors, et à chaque bourrasque, les fenêtres vibraient comme si la maison elle-même essayait de se libérer de ses chaînes.

Mais c'était la grange que je devais explorer en premier.

Je savais qu'elle contenait des réponses, des indices qui pourraient m'éclairer sur ce qui se passait réellement ici.

Je pris une profonde inspiration et m'avançai vers la porte menant à l'extérieur.

La lampe à pétrole dans ma main semblait devenir de plus en plus fragile, comme si elle se sentait, elle aussi, soumise à la pression de la nuit.

Mais je n'avais pas le choix.

Il me fallait savoir.

Dès que je passai le seuil de la porte, l'air se fit plus frais, presque glacial.

Les arbres bruissaient dans la forêt, comme des murmures lointains.

La grange, à quelques pas, se dressait devant moi dans l'obscurité, ses contours flous sous la lumière vacillante.

Je savais que la réponse à mes questions m'attendait là-bas.

Mais je n'étais pas certain d'être prêt à découvrir ce qu'elle pourrait être.

La grange devant moi semblait sortie d'un film d'horreur.

Son toit, incliné et en ruine, semblait se courber sous le poids du temps, prêt à s'effondrer à chaque instant. Les planches, noircies par les intempéries et le temps, étaient déformées, presque vivantes.

Certaines d'entre elles se balançaient légèrement, comme si une force invisible les poussait.

L'air autour de moi se fit plus épais, comme un voile qui m'enveloppait peu à peu.

À chaque pas que je faisais vers la grange, une sensation de malaise grandissait en moi.

La lumière vacillante de la lampe à pétrole projetait des ombres déformées sur les murs de la grange.

Ces ombres dansaient de manière étrange, comme si quelque chose les manipulait de l'intérieur.

Un frisson me parcourut le corps, mais je ne pouvais plus reculer.

Je devais comprendre ce qui se passait ici, même si cette maison, cette grange, et la forêt environnante semblaient me tirer dans un tourbillon dont je ne pourrais jamais sortir.

Je poussai la porte de la grange, et un bruit sourd, semblable à un gémissement, s'échappa du bois.

La porte céda sous ma poussée, révélant un intérieur aussi noir que la nuit.

Je pénétrai lentement, chaque mouvement me semblant résonner dans le vide de cet endroit abandonné. L'odeur de moisissure et de décomposition flottait dans l'air, me soulevant la gorge.

Je me frayai un chemin à travers des piles de vieux outils rouillés et des morceaux de bois pourris.

La lumière de la lampe tremblait, mais je continuais, me forçant à avancer malgré la peur qui me serrait la poitrine.

Puis je l'aperçus.

Dans un coin de la grange, une vieille table en bois, sur laquelle étaient posés des objets étranges, presque rituels.

Un petit crâne humain, une chandelle fondue, des morceaux de tissu déchirés.

Tout semblait avoir été laissé là intentionnellement, comme si quelqu'un attendait de moi que je découvre cette scène macabre.

Mon cœur s'emballa alors que je fixais ces objets.

Il n'y avait pas de doute : la maison, la grange, tout ici semblait imprégné de forces sombres et mystérieuses.

Une voix m'effleura l'esprit, presque inaudible, mais claire dans le silence oppressant de la grange. "Tu n'auras jamais de réponses ici…"

Je sursautai, mes mains tremblantes serrant la lampe à pétrole avec force.

Mais lorsque je levai les yeux, la scène devant moi était restée inchangée, immobile.

Cependant, un malaise encore plus profond s'empara de moi.

Quelque chose, ou quelqu'un, m'observait dans l'ombre.

Je me ressaisis.

Je ne dois pas en avoir peur.

C'étaient des entités, des présences invisibles, sans forme ni visage, mais leur énergie, leur influence sur l'air autour de moi était palpable.

Elles étaient là, dans les coins sombres, dans les recoins oubliés de cette grange, tout comme dans la maison.

Mais je ne pouvais pas céder à la peur.

Si je le faisais, elles prendraient le contrôle, m'assiégeant dans l'ombre.

Je respirai profondément, cherchant à calmer mon esprit.

J'étais un homme rationnel.

Il y avait forcément une explication à tout cela, même si elle m'échappait encore.

Des phénomènes inexpliqués, des hallucinations, des apparitions dues à la fatigue ou à l'isolement.

Je suis ici pour comprendre, me répétai-je intérieurement.

Je m'approchai de la table, d'un pas plus assuré, en fixant les objets avec plus de détermination.

Les objets sur la table ne m'effrayaient plus.

Le crâne humain, les morceaux de tissu déchirés, les chandelles usées...

Tout cela avait probablement une signification, un lien avec l'histoire de cet endroit, un lien avec les âmes qui hantaient cette maison.

Je n'étais pas ici pour m'effrayer, mais pour découvrir la vérité.

La lumière de ma lampe à pétrole dansa sur les objets en face de moi.

Mes yeux se posèrent sur un livre, à moitié caché sous un morceau de bois.

Je le saisis avec précaution, le cœur battant légèrement plus vite.

Le cuir du livre était usé, ses pages jaunies par le temps.

Il semblait ancien, peut-être même aussi vieux que la maison elle-même.

En l'ouvrant, une odeur de papier moisi s'échappa. Les lettres qui y figuraient étaient dans une langue que je ne connaissais pas.

Une langue ancienne, d'un autre temps.

Pourtant, quelque chose me disait que j'étais sur le bon chemin.

Je me concentrai, étudiant les symboles, les dessins, et les mots qu'il contenait.

Peut-être une forme de rituel ancien, peut-être la clé de tout ce mystère.

Et soudain, une révélation, une prise de conscience. Ces entités n'étaient pas des fantômes.

Ce n'étaient pas des apparitions spectrales.

Elles étaient bien plus anciennes, bien plus primitives. Des forces liées à la terre, à cette forêt, à cette maison, à ce qu'elle avait été.

Une force de la nature que l'homme ne pouvait comprendre ni maîtriser.

Je fermai le livre avec fermeté, les mains tremblantes, mais déterminées.

Je savais que la vérité était là, dans cette maison et dans les ombres de la forêt.

Mais maintenant, il fallait que je sois plus vigilant que jamais.

Parce que si j'étais sur la bonne voie, il y avait aussi un risque.

Un risque que je ne devais pas ignorer.

Je découvre au milieu du livre une vieille enveloppe cachée entre les pages.

Je reconnais tout de suite l'écriture de mon père.

Je reste là, figé, en observant l'enveloppe qui dépasse du livre, comme un secret longtemps enfoui, presque oublié.

L'écriture, cette écriture si familière, celle de mon père, me glace le sang.

Je n'avais jamais vu cette enveloppe auparavant, jamais entendu parler de ce livre.

Ma main tremble légèrement en m'approchant, mais je la force à se poser sur l'enveloppe.

L'enveloppe est usée, les bords légèrement fripés, comme si elle avait été manipulée maintes fois.

Je la prends avec précaution, mon cœur battant plus fort à chaque seconde.

Pourquoi mon père aurait-il laissé une lettre ici, dans ce livre, dans cette maison ?

Pourquoi ne m'en a-t-il jamais parlé ?

Je fais glisser le sceau, brisé, et j'ouvre l'enveloppe doucement, comme si un mauvais sort pouvait en surgir à tout instant.

À l'intérieur, une feuille de papier pliée en deux.

Je la déplie lentement, lisant chaque mot avec une attention presque douloureuse.

Les mots sont écrits à la main, avec la même écriture soignée que je connais depuis toujours.

Mais ce qu'ils contiennent me bouleverse.

La révélation me frappe de plein fouet.

Cette lettre n'était pas destinée à moi, mais à quelqu'un d'autre, une maîtresse peut-être, un secret caché dans les replis de ma propre histoire familiale.

Un coup de froid traversant mes veines.

Une onde de malaise m'envahit, comme un poids lourd qui m'écrase le cœur.

Je prends la lettre entre mes mains une nouvelle fois, mes doigts tremblant d'une étrange anxiété.

Je relis les mots, mais maintenant, l'écriture me semble différente.

Elle ne porte pas le même poids que tout à l'heure, lorsque j'avais cru que c'était un avertissement pour moi.

Cette lettre était un fragment d'un passé inconnu, une confession que mon père n'a jamais eu le courage d'envoyer.

Un secret enfoui dans cette maison, derrière des murs qui semblent me regarder.

Mais pourquoi, dans ce cas, la laisser ici, dans ce livre ?

Pourquoi choisir ce lieu, cet endroit chargé de mystères et de peurs, pour cacher un secret d'une telle ampleur ?

Je lis la lettre une nouvelle fois, chaque mot me semble résonner différemment à mesure que je découvre les secrets cachés derrière les mots de mon père.

Il évoque son désir de rapprochement avec cette femme, cette mystérieuse amante qu'il n'a jamais nommée, mais que je devine grâce à ses paroles et à l'endroit où il a décidé de se rendre.

Il parle d'acheter cette maison, une maison qui se trouve à la frontière du Haut-Rhin, comme un geste de rapprochement, une tentative de surmonter la distance entre eux.

L'écriture de mon père, habituellement si ordonnée et calme, tremble ici sous le poids de ses émotions non dites.

Il parle d'un besoin de fuir, de trouver un lieu à l'écart du monde, un espace pour renouer avec elle, loin des regards.

La lettre, au début pleine de douceur, se teinte progressivement de désespoir.

Il mentionne cette maison comme une échappatoire, un moyen de créer un nouveau commencement, mais aussi un moyen de garder son secret à l'abri des yeux des autres.

Une maison en plein cœur de la forêt, loin des repères familiers, à la croisée des chemins entre l'Alsace et la Lorraine, comme un terrain neutre où les passions et les regrets pouvaient se fondre dans l'ombre.

Je me demande pourquoi il ne m'en a jamais parlé. Pourquoi cacher une telle décision ?

Si cela avait été pour elle, pourquoi ne m'a-t-il pas simplement avoué la vérité ?

Pourquoi choisir ce lieu étrange, cette maison pleine de mystères et de silences lourds, pour concrétiser ce projet ?

Peut-être qu'il savait que cette maison n'était pas simplement un refuge, mais aussi un lieu où des forces invisibles étaient en jeu, des forces qu'il n'aurait jamais pu comprendre ou maîtriser.

La réalité de ce secret m'envahit.

Si mon père avait voulu créer une nouvelle vie ici, loin de tout, c'était peut-être parce qu'il savait que la maison elle-même cachait une autre vérité.

Une vérité plus sombre.

Est-ce que cette maison est devenue un lieu de rituels, de malédictions ?

Est-ce que les pouvoirs occultes qui l'habitent ont joué un rôle dans cette décision, dans cette fuite de la réalité vers l'ombre ?

Je ferme les yeux un instant, essayant de digérer ce que je viens de lire.

La fatigue et l'angoisse s'intensifient alors que des fragments de souvenirs et d'histoires oubliées remontent à la surface de mon esprit.

Je suis piégé, pris entre le désir de comprendre et la peur de ce que je pourrais découvrir.

C'est évident, maman n'aurait jamais accepté une telle trahison.

Elle était une femme fière, honnête, profondément attachée à ses valeurs et à son mariage.

Si elle avait eu le moindre soupçon de la liaison de papa, elle aurait refusé catégoriquement de s'engager dans ce projet insensé.

Cette maison, située si loin de tout, avait été pour elle un affront, une provocation.

Je l'imagine, dans un mélange de colère et de douleur, découvrir cette lettre, cette vérité qu'il a soigneusement cachée.

Comment aurait-elle réagi en apprenant que ce lieu, qui devait être un refuge familial, était en réalité une échappatoire pour une double vie ?

Papa le savait sûrement, et c'est pour cela qu'il a gardé le secret, pour protéger les apparences, pour préserver une illusion de stabilité.

Je me demande alors pourquoi il a décidé d'y rester, pourquoi il a fini par nous y emmener.

Peut-être que la maison elle-même, avec son poids de mystères et son passé trouble, a joué un rôle dans ce drame.

Peut-être qu'il espérait y enterrer ses erreurs, y trouver une forme de rédemption.

Ou bien la maison l'a attiré, l'a gardé prisonnier comme elle semble vouloir le faire avec moi.

Ce lieu respire le mensonge et le regret.

Chaque pièce semble imprégnée des non-dits, des secrets enfouis, des décisions prises dans l'ombre.

Plus je réfléchis, plus je comprends que cette maison n'était pas seulement un héritage matériel, mais aussi le témoin d'une histoire familiale pleine de zones d'ombre.

Quoi qu'il en soit, cette révélation, aussi troublante soit-elle, éveille en moi un désir inattendu : l'envie de rester.

Peut-être est-ce pour comprendre, pour assembler les pièces du puzzle que mes parents ont laissé derrière eux.

Ou peut-être est-ce simplement parce que cette maison, avec tout ce qu'elle représente de mystère et de douleur, commence à m'obséder.

Les murs semblent murmurer des souvenirs que je ne connais

pas, des bribes de conversations que je n'ai jamais entendues. Chaque recoin, chaque grincement de plancher me raconte une histoire inachevée.

Est-ce la maison qui me retient ou bien une partie de moi qui refuse de partir ?

Je me surprends à penser que si mon père y voyait un refuge, un lieu où fuir ou reconstruire quelque chose, alors peut-être que moi aussi, je peux trouver dans cet endroit une forme de réponse.

Mais à quoi ?

C'est cela que je dois découvrir.

Cette maison m'appelle, et je ne sais pas si c'est une bénédiction ou un piège.

Ici, c'est le calme absolu.

Loin du bruit incessant des klaxons, de l'agitation urbaine et des foules pressées, je me sens comme dans un autre monde.

La maison, malgré son aura mystérieuse, est plongée dans un silence enveloppant.

Pas un bruit de moteur, pas une voix lointaine. Juste le souffle léger du vent entre les arbres et le chant occasionnel d'un oiseau.

C'est apaisant, presque irréel.

Ce silence, si rare dans mon quotidien, me fait un bien fou. Il m'invite à ralentir, à respirer.

Malgré tout ce que j'ai découvert, malgré les étrangetés de la veille, je m'autorise un instant de répit.

Mes parents ont probablement choisi cet endroit retiré, à l'écart de l'agitation.

Pour retrouver une forme de sérénité, même temporaire.

Et moi, je commence à comprendre pourquoi. Ici, le temps
semble suspendu.

Si je reste, peut-être découvrirai-je d'autres indices. Tout
semble indiquer que cette maison cache encore bien des secrets.

Qui est cette femme qui vivait dans l'ombre de ma mère, cette
maîtresse à laquelle mon père écrivait ces mots qu'il n'a jamais
envoyés ?

Je ne peux m'empêcher d'imaginer son visage.

Était-elle douce ?

Mystérieuse ?

Et surtout, savait-elle que cette maison était la clé de leur rela-
tion cachée ?

Chaque recoin de cette bâtisse pourrait murmurer des réponses,
chaque objet abandonné pourrait me guider sur leur histoire.
Une part de moi hésite à creuser davantage, de peur de ce que
je pourrais trouver.

Mais une autre part, plus forte, veut comprendre. Je veux
mettre un nom, un visage et une raison à cette liaison qui a me-
né mes parents à acheter ce lieu étrange, si loin de tout.

Le temps file à une vitesse déroutante.

Deux jours, c'est si peu pour comprendre tout ce que cette maison renferme.

Je me suis laissé bercer par le calme apparent de ces lieux,
mais le poids des mystères reste là, suspendu.

Demain, il faudra reprendre la route, laisser cette maison derrière moi et me replonger dans le tumulte de mes habitudes, du
quotidien qui m'attend.

Pourtant, une étrange sensation m'habite, comme si partir

maintenant serait une fuite.

Je passe une dernière fois dans chaque pièce, scrutant chaque détail, chaque ombre.

Cette maison a encore tant à révéler.

Peut-être que je reviendrai, mais pour l'instant, je dois faire face à la réalité.

La route m'appelle, tout comme ma vie d'avant.

Ma dernière soirée dans cette maison fut étrangement calme, presque apaisante.

Le silence, autrefois oppressant, semblait s'être adouci, comme si la maison elle-même m'accordait un moment de répit.

Je me suis assis dans la salle principale, la lumière vacillante de la lampe à pétrole dansant sur les murs usés.

Je contemplais l'espace avec un regard neuf.

Avec quelques travaux, un peu de chaleur et de vie, cette maison pourrait devenir un lieu agréable, un refuge loin de tout.

Je m'imaginais repeindre les murs, réparer les boiseries, transformer ce lieu austère en un espace accueillant.

Mais ce n'était qu'un rêve pour l'instant.

Demain, je devrais partir, laissant derrière moi ces idées et cette ambiance énigmatique.

Pourtant, une petite voix murmurait au fond de moi : Et si tu revenais ?

La nuit s'était écoulée dans un calme absolu, un contraste troublant après les événements des jours précédents.

Aucun bruit, aucune manifestation étrange ne vint troubler mon sommeil.

Ce silence, presque inhabituel, m'avait offert un repos que je n'espérais plus.

Le jour s'était levé, baignant la maison d'une lumière froide, mais apaisante.

Il était l'heure de partir, de reprendre la route et de retourner à ma vie, loin de cette maison et des mystères qu'elle renfermait.

Je rassemblais mes affaires avec une certaine lenteur, comme si une part de moi hésitait à quitter cet endroit.

En franchissant le seuil, je me retournai une dernière fois pour observer la bâtisse.

Immobile, elle semblait m'observer en retour, comme si elle savait que mon départ n'était peut-être pas définitif.

Puis, avec un soupir, je montai dans ma voiture, prêt à affronter la route qui m'attendait.

Mais au fond de moi, je savais que cette maison ne me lâcherait pas si facilement.

Je quitte Cornimont, le cœur serré, les pensées en désordre.

Les événements passés me hantent, chaque détail s'enchevêtre dans mon esprit comme un puzzle inachevé. Cette maison, austère et mystérieuse, avait abrité bien plus que des secrets.

Et cette lettre… La révélation de cette femme, l'ombre d'une double vie que mon père avait soigneusement dissimulée, éclaire d'un nouveau jour l'achat de cette demeure.

L'idée qu'il avait peut-être voulu se rapprocher d'elle, à l'insu de ma mère, rend chaque mur, chaque pièce, lourd d'une histoire que je ne comprends pas encore. Et pourtant, malgré la tension, malgré les mystères non résolus, une part de moi ressent une étrange connexion avec cet endroit.

Alors que je descends le col et que les derniers contours du village s'effacent dans mon rétroviseur, je sais que cette maison n'a pas fini de me parler. Cornimont reste derrière moi, mais son empreinte s'ancre profondément dans mon esprit.

Un jour, je devrais y retourner.

Pas seulement pour comprendre, mais pour affronter ce que cette maison garde encore enfoui.

Les Hautes Vosges, avec leurs sommets majestueux, leurs forêts denses et leur atmosphère mystérieuse, ont quelque chose de captivant.

Ce paysage brut, parfois intimidant, mais profondément apaisant, m'a offert des moments rares de sérénité.

Même dans la tourmente des découvertes troublantes, je ne peux nier la beauté qui m'entoure.

Les routes sinueuses, les vallées fleuries et l'air frais de la montagne m'ont enveloppé d'un calme que je n'avais pas ressenti depuis longtemps.

Cornimont et ses environs possèdent une âme particulière, celle d'une région empreinte d'histoires, de légendes et d'un charme discret, mais puissant.

Oui, les Hautes Vosges sont vraiment magnifiques, et je comprends mieux pourquoi mon père avait choisi de s'y réfugier, même si ses raisons, elles, restent encore voilées.

Les kilomètres défilent sous le ronronnement monotone de la voiture, et je sens peu à peu le paysage changer.

Les montagnes se font moins imposantes, les forêts moins denses.

La civilisation reprend ses droits, avec ses panneaux, ses ronds-points et ses zones urbaines animées.

Après quelques heures de route, j'aperçois enfin mon immeuble.

Une étrange sensation m'envahit en posant les yeux sur cet endroit si familier.

Tout semble normal, ordinaire, mais une partie de moi reste marquée par ce que j'ai laissé derrière, là-haut dans les Hautes Vosges.

Je monte lentement les escaliers, mes valises à la main.

Une fois dans mon appartement, je laisse tomber mes affaires dans l'entrée.

Le silence m'accueille.

Il n'a rien à voir avec celui, presque oppressant, de cette maison.

Ici, il est neutre, rassurant.

Je m'assois quelques instants sur mon canapé, fixant le mur sans vraiment le voir.

Les souvenirs défilent : la maison, l'orage, les bruits, la lettre…

Et cette question qui me hante encore : qui était cette femme ?

Je me sens perdu dans mes pensées, sans réponse claire.

Les événements de ces derniers jours me semblent presque irréels, comme si j'étais plongé dans un autre monde.

L'ombre de cette maison, de ses mystères, plane encore sur moi, et malgré la distance, je n'arrive pas à m'en défaire.

Je me relève finalement du canapé, prends une grande inspiration et décide que, pour l'instant, il n'y a pas de réponse immédiate.

Le temps m'aidera, me dis-je.

Peut-être qu'avec quelques recherches, je découvrirai enfin les liens entre mon père, cette femme et cette maison…

Peut-être qu'un jour, toutes les pièces du puzzle finiront par s'assembler.

Mais ce ne sera pas aujourd'hui.

Je pose mon portable sur la table, feuillette des documents et commence à planifier mes recherches.

Il faudra que je m'organise, que je trouve des indices. Je sais que je ne peux pas laisser ces questions sans réponse.

Le temps m'aidera, mais avant tout, il faut que je prenne le temps de comprendre ce qui s'est réellement passé.

Je décide qu'il est temps de prendre un peu de répit. Après ces heures passées à conduire, mon corps réclame une pause bien méritée.

Une bonne douche s'impose.

Je laisse l'eau chaude me détendre, me débarrasser de la fatigue accumulée.

L'eau qui coule sur ma peau semble apaiser mon esprit aussi, emportant avec elle le stress des derniers jours.

Je me sèche, enfile des vêtements confortables, puis me dirige vers la cuisine.

Un repas simple, mais nourrissant, sera parfait pour clôturer cette journée.

Le temps de me poser, de prendre un moment pour moi, loin des mystères qui m'obsèdent.

Alors que je prépare mon repas, je réfléchis.

Mon esprit tourne encore autour de tout ce que j'ai découvert, mais je sais qu'il est essentiel de me poser, de respirer, de retrouver un peu de calme avant de replonger dans cette enquête qui m'épuise autant qu'elle me fascine.

Je mange tranquillement, en espérant que demain m'apportera un peu plus de clarté.

Après une nuit agitée, où mes pensées tourbillonnaient sans cesse autour de cette maison, je me réveille, le regard fatigué, l'esprit encore embrouillé par tout ce que j'ai découvert.

Les images de la vieille demeure, de ses mystères, et de la lettre de mon père me hantent.

Mais la journée commence, et je n'ai pas le choix : il faut avancer.

Je me lève, mes pieds touchent le sol froid, une sensation d'oppression m'envahit.

Le matin est toujours calme, mais je sens qu'une lourde tension pèse sur mes épaules.

Je me dirige vers la salle de bains, espérant que la douche me permettra de faire le vide dans ma tête, de retrouver un peu de sérénité avant de repartir dans la routine quotidienne.

L'eau chaude me détend, mais l'esprit reste en ébullition.

Une fois prêt, je me rhabille, me force à prendre une grande inspiration et à me concentrer sur le travail.

Le temps semble passer lentement, mais je sais qu'il est important d'oublier un moment les mystères de cette maison, même si une partie de moi sait que je n'y parviendrai pas totalement.

Il est temps de partir, de retrouver la réalité du quotidien.

Mais au fond, une question reste : dois-je vraiment oublier tout cela ?

Quelques jours passent, mais l'écho de cette maison, de ses secrets, reste dans un coin de ma tête.

Chaque bruit étrange, chaque ombre dans la rue, chaque visage croisé me rappelle ce que j'ai vécu là-bas.

La routine a repris son cours, mais mon esprit semble déconnecté, flottant entre l'appartement, le travail et ces événements qui m'obsèdent.

Je me surprends à penser à cette lettre, à la découverte de la double vie de mon père, et à la femme qu'il a aimée en secret.

Le village de Cornimont, avec ses rues étroites et ses montagnes, me semble de plus en plus présent, comme si une partie de moi y était restée.

La nuit, je me réveille parfois, le cœur battant, comme si quelque chose ou quelqu'un me tirait hors de mon sommeil.

Le temps, pourtant, défile, et chaque jour, je tente de m'ancrer dans la réalité.

Mais je sais que, tôt ou tard, je devrais retourner là-bas.

Parce qu'il y a encore trop de questions sans réponse. Et je ne peux m'empêcher de me demander : qu'est-ce que cette maison veut vraiment de moi ?

Au travail, pendant une pause-café, je mentionne la maison à mon collègue, qui me regarde, intrigué.

"Mais pourquoi ne la restaures-tu pas ?", me demande-t-il, pensif.

Je reste un instant silencieux, absorbé par ses mots.

La question me semble presque évidente, mais en même temps, elle me déstabilise.

Pourquoi ?

Parce que cette maison, avec tous ses mystères, m'attire autant qu'elle me repousse.

Parce que tout ce que j'ai découvert là-bas, tout ce que je ressens, me dit que ce lieu n'est pas comme les autres.

Et c'est peut-être ce qui me trouble encore plus : pour lui, cette maison a juste besoin d'un peu de travail, de rénovation, et elle redeviendra un endroit agréable.

Je lui réponds, un peu perdu dans mes pensées : Je ne sais pas… Il y a quelque chose là-bas.

C'est plus qu'un simple lieu.

C'est... bizarre.

Je ne sais pas comment l'expliquer.

Il hoche la tête, comme si cela n'avait aucun sens pour lui, mais il ne cherche pas à en savoir plus.

Je vois…

Mais peut-être qu'il serait bon de la remettre en état, tu pourrais peut-être y trouver une certaine paix, non ?

Je souris faiblement.

Peut-être qu'il a raison.

Peut-être que restaurer cette maison, l'apprivoiser, serait le moyen d'ouvrir la porte sur ce que j'ignore encore.

Mais la question reste : suis-je prêt à y faire face ?

Je prends une profonde inspiration et me laisse envahir par la tranquillité du quotidien.

"Je vais laisser passer du temps et y réfléchir", me dis-je.

Le travail, les amis, mon appartement, tout cela fait partie de ma vie ici, et c'est cette vie que je dois continuer à mener.

Cette maison, cet héritage, bien qu'il occupe une place dans mes pensées, ne doit pas me détourner de mon existence présente.

Je me secoue, me rappelant qu'ici, j'ai des repères, des routines, une stabilité.

Pourquoi me laisser emporter par ce passé qui semble étrangement hanté ?

Pourquoi me laisser tourmenter par des révélations et des mystères qui ne m'appartiennent peut-être même pas ?

Je me rappelle que je suis ici pour une raison, pour avancer, et non pour vivre dans le fantôme d'une maison au bout du monde, aussi énigmatique et déroutante soit-elle.

Si j'ai bien une chose à garder en tête, c'est cela : cette maison ne doit pas tourner ma tête, elle ne doit pas devenir ma priorité. Le temps me dira ce qu'il faut faire.

Mais pour l'instant, j'ai une vie ici, et c'est là que je vais la vivre.

Ce soir, je décide d'inviter ma meilleure amie au restaurant.

Cela fait un moment que nous n'avons pas pris le temps de nous retrouver en dehors du travail.

Nous partageons une complicité qui remonte à des années, et je sais qu'elle saura m'écouter, me comprendre, comme elle l'a toujours fait.

Je réserve une table dans un petit restaurant cosy, pas trop loin, où l'ambiance est intime et chaleureuse. C'est le genre d'endroit où l'on peut discuter pendant des heures sans être dérangé.

En attendant son arrivée, je me laisse aller à la pensée que cette soirée va m'offrir un peu de répit, un moment loin des préoccupations de la maison et de l'héritage qui me pèsent.

Lorsqu'elle arrive, je la reconnais immédiatement, son sourire chaleureux et son énergie positive apportent une bouffée d'air frais.

Elle est toujours rayonnante, prête à écouter et à partager des rires.

Après quelques embrassades et salutations, nous nous installons à notre table.

Je lui parle de mes dernières découvertes, de la maison, de ce mystère qui me hante sans en éprouver totalement l'envie.

Elle me fait promettre de ne pas me laisser envahir par tout ça, de vivre pour moi-même.

À travers ses mots et sa sagesse, je sens une chaleur réconfortante, comme si elle m'aidait à recentrer mes pensées.

La soirée passe dans une ambiance détendue, entre rires et discussions légères.

Pour un instant, j'oublie presque les ombres du passé qui m'accompagnent.

Ce dîner me rappelle que, même dans les moments d'incertitude, je peux compter sur ceux qui comptent pour moi. Et ce soir-là, c'est elle.

Elle me dit en souriant : « Il faudra que tu m'y emmènes un jour. »

Sa remarque me fait sourire à mon tour.

J'essaie de cacher la légère angoisse qui refait surface à l'évocation de la maison.

Peut-être que je pourrais un jour l'emmener, mais pour l'instant, cette demeure me semble encore trop lourde à porter.

Elle symbolise trop de mystères, trop de non-dits.

Je ris légèrement pour masquer mon malaise. « Pourquoi pas, un jour… »

Peut-être, mais il y a encore quelques travaux à accomplir avant d'y amener quelqu'un.

Je lance cela d'un ton détendu, mais au fond de moi, je sais que la maison n'est pas simplement un projet de rénovation.

C'est un poids qui se fait de plus en plus lourd à chaque pensée.

Elle me regarde, un peu intriguée, puis change de sujet, bien décidée à ne pas creuser plus loin.

J'apprécie sa capacité à me laisser de l'espace sans insister, mais je me rends compte que cette maison et ses secrets ne vont pas me lâcher si facilement.

Peut-être que je la revisiterai un jour avec elle, mais pas maintenant.

Pas tant que je n'aurais pas démêlé tous les fils de cette histoire.

Le reste de la soirée se déroule dans une atmosphère plus légère, mais la question reste dans un coin de ma tête, comme une ombre fugace.

La vie a repris ses droits.

Les journées sont devenues plus légères, les semaines passent à toute vitesse, et l'ombre de cette maison semble s'effacer peu à peu de mes pensées.

Mon travail me tient occupé, mes amis sont là pour me soutenir, et je me laisse emporter par le rythme de ma vie quotidienne.

J'ai retrouvé ma routine, avec ses petites joies et ses tracas.

Mais parfois, dans les moments de calme, je sens encore cette étrange sensation, comme si quelque chose, quelque part, me guettait.

La maison des Vosges, les secrets de mes parents, cette lettre trouvée entre les pages d'un vieux livre – tout cela reste là, sous la surface, tapi dans un recoin de mon esprit.

Je me surprends parfois à penser à tout ce que j'ai découvert, à cette femme oubliée et à l'héritage que je porte sans vraiment le comprendre.

Mais je sais que pour l'instant, ce n'est plus ma priorité.

La vie continue, et je suis ici, dans le présent, à essayer de tourner la page.

Cependant, au fond de moi, un jour peut-être, je saurai ce qu'il reste à comprendre.

Pour l'instant, je me contente de vivre, tout en sachant que l'histoire de cette maison, et de ceux qui y ont vécu, pourrait un jour me rattraper.

Un soir, alors que j'étais installé paisiblement sur mon canapé, la tranquillité de mon appartement contrastait avec les souvenirs énigmatiques de la maison dans les Vosges.

Par curiosité, je décide de prendre mon ordinateur portable et de me renseigner un peu plus sur la ville de Cornimont.

Peut-être qu'en fouillant dans son histoire, je pourrais découvrir quelque chose de nouveau, un indice qui expliquerait tout ce qui s'est passé autour de cette maison et de ma famille.

Je tape "Cornimont, histoire" dans la barre de recherche.

Une série de résultats apparaissent : des sites touristiques, des blogs de randonnée, quelques articles sur les spécialités locales, mais aussi quelques archives historiques.

Je me laisse attirer par un lien qui semble plus ancien, un document local sur l'histoire de la ville, rédigé par un habitant de longue date.

En l'ouvrant, je tombe sur une série de récits relatant les événements marquants de Cornimont, ses débuts en tant que village montagnard et ses liens avec les mines de charbon et la région. Mais un détail attire mon attention.

Il est question d'un "ancien domaine" situé aux abords du village, qui aurait été témoin de nombreux événements mystérieux au début du XXe siècle.

Il est précisé que le domaine appartenait à une famille influente avant d'être abandonné après la Première Guerre mondiale, à cause de rumeurs inquiétantes concernant des disparitions et des phénomènes inexpliqués.

Mon cœur s'accélère.

Le domaine dont il est question, n'était-ce pas la maison dans laquelle mes parents avaient décidé de vivre ?

Et si, d'une manière ou d'une autre, ce lieu était lié aux sombres secrets que mon père avait emportés avec lui ?

Je continue à parcourir le texte, espérant trouver plus de détails.

Il parle aussi d'une époque où la ville a été marquée par de nombreuses disparitions non résolues, une période où les rumeurs d'activités occultes ont persisté. Un frisson parcourt ma nuque.

Ce que je lis commence à faire écho à tout ce que j'ai vécu dans cette maison.

Les sensations étranges, les bruits la nuit, la lumière déformée dans les pièces…

Je cligne des yeux, hésitant à poursuivre ma lecture. Mais une chose est certaine : cette histoire n'est pas terminée.

Je me rends compte que la frontière entre Cornimont et l'Alsace n'est qu'à un col de distance, un simple passage montagneux, et pourtant, cela semble marquer une division bien plus profonde, presque symbolique. Les Hautes-Vosges, à la fois isolées et mystérieuses, séparent deux mondes, celui du calme montagneux du côté français et celui des traditions et mystères qui se trouvent à quelques kilomètres seulement, de l'autre côté, en Alsace.

Cette proximité me semble tout à coup être plus qu'une simple coïncidence.

Les paysages, la météo, l'atmosphère de ces montagnes ont toujours semblé d'une énergie étrange, presque comme si le col n'était pas qu'un simple chemin à franchir, mais un véritable point de transition, où quelque chose de plus ancien et de plus puissant se cache.

Peut-être que ce col a joué un rôle dans l'histoire de ma famille, comme si cet endroit, coincé entre deux régions, entre deux cultures, recelait des secrets que seul le temps pouvait dissimuler.

La connexion entre la maison, mon père et la mystérieuse femme en Alsace, tout cela prend une nouvelle dimension à la lumière de ce que je découvre.

Le col, cette frontière invisible entre deux mondes, semble être un fil conducteur, un symbole du passage, de l'invisible et du non-dit.

Ma famille a peut-être franchi cette frontière plus fréquemment qu'elle ne le laissait croire, que ce soit dans la réalité ou dans un autre monde où les secrets se tissent en liens invisibles entre les vivants et les morts, entre le passé et le présent.

Je me plonge dans mes réflexions, envahi par une étrange sensation d'inachevé.

Chaque détail de cette maison, chaque instant passé dans les Hautes Vosges, me revient en mémoire avec une nouvelle force.

La découverte de la lettre, cette mise en lumière d'une double vie, m'obsède.

La question qui persiste et revient sans cesse : qui était-elle ?

Je me réveille tôt un matin, une idée m'effleure l'esprit.

Et si je fouillais les réseaux sociaux pour en savoir plus sur cette maîtresse inconnue de mon père ?

Après tout, il y a toujours des traces laissées derrière. Je sais que l'ère numérique peut offrir des réponses, même à des mystères enfouis depuis des années.

Le soir, après une journée de travail, je m'assois devant mon ordinateur.

Les pages de recherche défilent sous mes yeux, chaque nom, chaque lieu, chaque lien ayant un goût d'incertitude.

Je tape des mots-clés : Cornimont, maison, Alsace, liaison secrète.

Rien de concret. Peut-être qu'il me faut plus de détails.

Mais l'idée de la recherche me ronge.

Et puis, je trouve quelque chose.

Une vieille photo, prise au cœur des années 80, sur une page dédiée à un groupe local de la région.

Un couple sur un pont.

Un homme, que je reconnais aussitôt. Mon père. Et la femme à ses côtés…

Je la scrute, le cœur battant.

Elle est plus jeune, mais les traits de son visage, bien que flous, me semblent familiers.

La ressemblance avec une ancienne collègue de ma mère me frappe d'un coup.

Est-ce elle ?

L'envie de tout comprendre me pousse à chercher davantage.

Un message privé, un commentaire, n'importe quel lien entre cette femme et mon père.

Chaque heure qui passe renforce cette obsession : « Je dois savoir. »

La nuit tombe, et je n'arrive plus à me détacher de l'écran.

L'image de la photo me hante.

Une vision qui mêle l'ombre de mon père et la silhouette inconnue de cette femme.

J'ai l'impression que chaque découverte me rapproche d'une vérité que je ne suis pas sûr de vouloir affronter.

Je sais qu'un jour, je devrais y retourner, à la maison des Hautes Vosges.

Cette quête, que j'avais cru abandonner, prend une nouvelle tournure.

Il y a trop de non-dits, trop de mystères enfouis dans cette demeure.

Peut-être que la réponse à mes questions est encore là-bas, au fond des murs, dans les racines de cette maison que mon père a un jour aimée, ou peut-être en souvenir de ce qu'il y a laissé derrière lui.

Je prends du recul, essayant de chasser ces pensées obsédantes.

La réalité de ma vie quotidienne reprend le dessus, et je m'efforce de me concentrer sur mon travail, mes amis, ma routine.

Mais il est difficile d'oublier.

Cette histoire, cette maison, cette femme – tout cela continue de me hanter en arrière-plan, comme une ombre persistante.

Je me pose la question, une fois de plus : ai-je réellement envie de connaître la vérité sur la double vie de mon père ?

Les révélations qui surgiraient risquent-elles de briser l'image que j'ai de lui ?

De tout ce que j'ai cru savoir ?

Au fond, la paix intérieure semble être à portée de main, mais elle est constamment ébranlée par cette tentation de fouiller plus profondément dans le passé. Est-ce que je veux vraiment ouvrir cette boîte de Pandore, avec toutes les conséquences que cela pourrait engendrer ?

Peut-être qu'il est plus sage de laisser tout cela derrière moi, de me concentrer sur l'avenir.

Mais un doute persiste.

L'idée que je pourrais avoir des réponses à mes questions me hante, tout en me terrifiant.

La vérité vaut-elle vraiment la peine d'être découverte ?

Je décide alors de me donner du temps.

De repousser cette quête, de laisser les choses se tasser d'elles-mêmes.

Le temps, peut-être, finira par m'éclairer.

Mais pour l'instant, la paix semble être dans l'oubli. Du moins, jusqu'au jour où le poids de cette histoire me rattrapera à nouveau.

Les mois passent, et la vie reprend son cours.

Le souvenir de l'héritage laissé par mes parents, de cette maison mystérieuse et des découvertes troublantes, s'efface peu à peu.

Les responsabilités quotidiennes, le travail, mes amis, mes distractions… Tout cela occupe mon esprit.

Ce que j'avais vécu dans les Hautes-Vosges semble lointain, presque comme un autre monde.

Je ne pense plus à la maison, à la femme qui pourrait avoir été la maîtresse de mon père, ni aux secrets enfouis dans les murs de cette demeure isolée.

L'idée de retourner là-bas me traverse parfois, mais je la chasse rapidement.

Pourquoi réveiller ce passé si flou et douloureux ?

Je suis conscient qu'une part de moi reste suspendue à ce mystère, mais je ne me permets plus de m'y perdre. J'ai décidé d'avancer, d'oublier.

Peut-être qu'un jour, un événement, un signe, me fera rouvrir ce chapitre de ma vie.

Mais pour l'instant, tout ça semble être du passé, un poids que je n'ai plus envie de porter.

La vie continue, et avec elle, je trouve ma propre paix, loin des ombres du passé.

L'héritage de mes parents, cette maison, ce mystère, semblent être des reliques oubliées.

Le temps m'a permis de me détacher.

La vérité sur mon père, sur cette femme, sur cette maison – peut-être qu'elle n'a jamais été aussi importante qu'elle m'a semblé un jour.

Six mois se sont écoulés.

Le quotidien a repris le dessus, effaçant peu à peu les souvenirs de cette étrange maison.

Les jours s'enchaînent avec leur lot d'habitudes : le travail, les sorties entre amis, et les soirées à regarder des séries sans grande importance.

Cet héritage qui avait, un temps, hanté mes pensées s'est dissipé comme un mauvais rêve.

Je ne pense plus à cette maison, ni à Cornimont, ni à cette femme mystérieuse.

La vie est redevenue simple, presque mécanique. Pourtant, dans les recoins de mon esprit, une part de moi sait que cette histoire n'est pas entièrement oubliée.

Elle dort, quelque part, attendant peut-être le moment opportun pour refaire surface.

Mais pour l'instant, je suis serein.

Un soir, alors que la routine me berce dans un sentiment de tranquillité, j'allume mon ordinateur pour consulter mes e-mails, comme je le fais presque machinalement chaque soir.

L'écran s'allume, éclairant la pièce d'une lumière froide.

Les notifications habituelles défilent : promotions inutiles, newsletters auxquelles je ne me souviens pas m'être abonné, et quelques messages de collègues.

Alors que je tente de me remettre de cet e-mail troublant, une notification surgit en bas de mon écran, accompagnée du son familier d'un célèbre réseau social. Pourtant, quelque chose cloche.

Ce n'est pas une notification habituelle.

Le message indique : "Nouvelle demande d'ami : Elise"

Je fronce les sourcils.

Ce nom… Elise. Mon esprit bondit immédiatement à la maison, au village, à l'histoire de cette mystérieuse fosse commune.

C'est impossible.

Mon doigt tremble alors que je clique pour voir de plus près.

La photo de couverture de cet utilisateur me glace le sang : une vieille maison, recouverte de mousse et partiellement en ruine.

C'est la maison de Cornimont.

Je clique sur le profil.

Peu d'informations sont visibles, justes une photo d'une jolie femme de 55 ans accompagnée d'un message : J'ai laissé un petit bouquet de fleurs sur la table si vous venez ce week-end !

J'avais sous les yeux *la maîtresse de mon père*.